お菓子の図書館

ケーキの歴史物語

Cake: A Global History

ニコラ・ハンブル❖著
Nicola Humble

堤 理華❖訳

原書房

目次

第3章　家庭で作るケーキの文化　79

第4章　ケーキと儀式、その象徴性　100

本文中の注番号は著者による注であり、巻末に掲げた。
［……］は翻訳者による注記である。

序章◉特別な日を飾るケーキ

わたしの記憶にある最初のケーキは汽車だった。チョコレート・ビスケットの車輪、キャドバリー社のミニロールの煙突、飴やさくらんぼグラッセの窓。お菓子の汽車は、チョコレート・フィンガー・ビスケットと、あざやかな緑色のアンゼリカ（よろい草の茎の砂糖漬け）でできた線路の上を走っていた。母の手作りで、おそらく『ウィメンズウィークリー』とか『ファミリーサークル』といった女性誌に掲載されていたレシピを参考にしたのだろう。それはわたしの5歳のバースデイケーキだった。

どんな味をしていたのか、いや、食べたのかどうかさえも覚えていない。バースデイケーキとは実際に食べるためのものというより、見るためのものだった。たぶん招待された友だちにペーパーナプキンでくるんだ切り分けが配られ、それはみんなの帰る道すがら、おみやげのパーティーバッグの中でぺしゃんこに潰れてしまったことだろう。なぜあのケーキを覚えているかというと、あれはわたしのケーキだったから、わたしのために作られたものだったからだ。

お祝いの象徴、誕生日を迎えた少女が主人公であることのしるし。それで遊んだり、おもちゃにしたりしてもかまわない食べ物。おいしいものがふんだんに散りばめられていて、すごく甘くてこってりしていて、あっというまに食べきることなんて誰にもできない。

さて、わたし自身が母親となり、はっきりいって息子のバースデイケーキ作りに夢中にならない年はない。年を追うごとに構造は複雑になり、野心的になり、ばかげたものになっていく。

海賊のピクニック・パーティー用の宝物箱（ずらせば蓋が開くしかけ）。宇宙パーティーがテーマのときにはマジパンで作った宇宙人完備の惑星。メキシコのくす玉人形ピニャータを模したケーキのときには、まわりをチョコレートのボウルで覆い、主役がそれをハンマーで割る趣向。秘密の墓が中に入っているピラミッド・ケーキ。どうやって作ればいいかと夜遅くまであれこれ考え――自分でもよくわかっているが、いつも頭がおかしくなりかける。パーティーでは――お客たちはそれをちらっと見るだけで、あとは気にもとめない。

そう、これは理屈では説明しかねるケーキなのである。必要以上で、突飛で、とてもお菓子とは思えない形をしていて、食べ物という本質は概念になりはてている。こういったケーキは母親の強迫観念かつ台所の自尊心の産物にほかならない。数々のバースデイケーキに対するわたしの感情は、誇りと羞恥心がないまぜになっている。

◉ケーキとは不思議なもの

ケーキとは不思議なものだ。そこから生まれるさまざまな感情と料理としての重要性は、まったく一致しない。完璧なおまけでありながら、きわめて重要なもの。おそらくケーキなしの誕生日や結婚式はありえない。また、クリスマスのお祝いにもケーキは欠かせない。が、表面に塗られた砂糖衣のかたさも伝説的――時間がたてばたつほどかたくなり、のこぎりとクリスマスケーキに関する家族のジョークは、その季節がめぐってくるたびに繰り返される。

食べ物としての実際の位置よりも象徴的意味合いのほうがまさっているものの代表選手がケーキといえる。何はさておき、ケーキとは概念なのだ。

とはいえ実体があることもまちがいない――とろけるようなスポンジやどっしりした中身にフルーツが散りばめられていたり、こってりしていたり、クリーミィだったり、すてきにねとねとしている材料を使っていたり、食べごたえ満点だったり砂糖衣がかかっていたりおしゃれだったり――何層にも重なっていたり。一口食べればすぐにわかる。その甘美な味わいはまぎれもなく現実だ。

しかし、そうした圧倒的な存在感にもかかわらず、なぜかとらえどころがないのもケーキである。ケーキの歴史を追いはじめたとたん、相反する数々の定義にもまれて途方にくれてしまうだろう。つまり、何をもってケーキとするか、という大問題にぶつかるのだ。

◉ケーキとは何だろう

丸いからケーキ、それとも平たいから？　柔らかいから、それとも中身が詰まっているから？　卵や粉でふわふわのスポンジになっていればケーキ？　イーストでふくらましていてもケーキ？　そういったことではなくて、それが演じる役割に準じて「ケーキである」と判断すればいい？　宴席に出されるとっておきの甘いもの、それがケーキ？　では、午後のお茶といただいたり、朝のコーヒーと一緒に食べたりするときは、どうなるの？　ある種の文化、ある時代の歴史においては、そうした要素のいずれもが、ケーキの定義に決定的に重要な意味を持ってきた。

ケーキとそれに近い食べ物の区別をめぐる論争は多い。たとえば、ケーキとパンの違いは何か。よく似た食べ物なのにいつ線が引かれるようになったのか。また、ケーキと大勢のいとこたち――ティーブレッド、ビスケット、クッキー、マフィン、スコーン、ペストリー、プディングなどは、どうやって分類するのか。パンケーキはケーキ？　チーズケーキは？そんなことを気にするのは食べ物マニアだけだろうと思うかもしれないが、こうした定義をめぐって現代でも世間の注目を集める裁判が起こされている。

◉ケーキと裁判

いちばん有名なのは、ジャファケーキ裁判だろう。製造元のマクビティ社は1991年、真ん中にオレンジをのせてチョコレートでコーティングしたこのお菓子は、ケーキであってビスケットではない、したがって付加価値税（VAT）の対象品目にはならないという主張を掲げ、イギリス内国歳入庁と真っ向から対立した。[1]この裁判は会社側が勝った。「ケーキとビスケットの決定的な違いは、長期間放置したらケーキはかたくなるが、ビスケットは柔らかくなる」という料理上の原理を示したマクビティ社の主張が認められたのである。まことに正しい。

さて3年後、マークス＆スペンサー社が自社のチョコレート・ティーケーキ（チョコレート・ビスケットにマシュマロをのせ、ミルクチョコレートでコーティングしたもの）について同様の裁判を起こし、最終的には欧州司法裁判所までもつれこんだ。12年間に及ぶ法廷論争の結果、２００８年4月に出された最終判決は、３５０万ポンドの課税分を会社側に返却せよとイギリス政府に命じるものだったが、どうもこれはケーキとビスケットの違いの原則というよりも、独特の直感（これに関してイギリス政府は当初から譲歩を示していた）にもとづいているらしい。すなわち同社のチョコレート・ティーケーキの丸さ、柔らかな食感、食べごたえ、その名前は、土台がビスケットである（とささやかれている）にもかかわらず、なぜか伝統的なケーキの概念に一致したのである。

ケーキの定義とは、想像以上に大変なようだ。

第1章◉歴史とケーキ

ケーキの歴史は見方によってひじょうに長くもあり、驚くほど短くもある。太古の文明から考古学的にケーキと呼ばれる食べ物が見つかっている一方、イギリス人やアメリカ人がこの言葉からすぐに連想する食べ物（甘い、柔らかい、スポンジ状）が登場するのは、18世紀半ばになってからにすぎない。英語の意味する「ケーキ」という概念に相当する言葉は、すぐ隣の国々にも存在しないし（フランス語の「ガトー」やドイツ語の「トルテ」は類義語ではない）、ましてもっと遠い国々や大昔ならなおさらである。それでもこの章ではなんとか、現代のケーキにつながる料理や言葉、概念のルーツを探ってみよう。

◉最初のケーキ

スイスの湖畔にある新石器時代の村落の遺跡で考古学者が発見した最初期のケーキは、つぶした穀物に水分を加えてかため、平らな円盤状にして――すべては推量の範囲を出ないけれども――たき火の灰に埋めた石の上で焼いたものだった。平たくてかたいもの、すなわち「ケーキ」である（英語では、せっけんのように平たくてかたいものも「ケーキ」と呼んだりする）。こうしたケーキは、現代のオートケーキ――スコットランド生まれの薄型ビスケットでオーツ麦から作られ、名前はケーキでも今ではビスケットやクラッカーに分類される――の古代版にあたる。

何かを練ってパテ状の形（あるいは家畜用の濃縮固形飼料《キャトルケーキ》やライスケーキを思い浮かべてもいい）にしたものをケーキとする定義は、古代世界の食文化ではごく一般的だ。古典学者がケーキという訳語をあてる食べ物は数多い。古代ギリシアでは plakous、古代ローマでは placenta という平らなケーキがさまざまな文献に出てくるが、原料によって無数のバリエーションがあるらしい。古代ローマの資料には libum も頻繁に登場する。これはチーズケーキの一種で、しばしば表面に蜂蜜が塗られる。ケーキがもっとも活躍する場面は宗教儀式だった。

海のニンフたちネーレーイスの碑。紀元前 400 年。行列の中で 2 人の人物がケーキを捧げ持っている様子が描かれている。

エジプト生まれの古代ギリシアの雄弁家アテナイオスは、２００年ころの著作に数々のケーキをあげている。amphiphon はまわりに小さな灯《とう》明《みょう》をともした平らなケーキで、月と狩猟の女神アルテミスや冥府の女神ヘカテーへの供え物に使われた。デロス島民は虹の神イーリスに、ゆでた小麦粉に蜂蜜、クルミと乾燥イチジクを加えた basynias を捧げた。

シシリー島南東部のシラクーザでは、ゴマと蜂蜜を用いて女性器をかたどった mulloi を捧げ持ち、豊穣の女神デーメーテールと冥府の女王ペルセポネーを讃える行進をした[1]。

こうしたケーキの大部分は、「注

古代ギリシアの都市コリントスの素焼きのロバ。背にはケーキも乗る。紀元前 350 年。

がれるように」供えられた穀物、牛乳、木の実、蜂蜜から生まれたらしい。これに関連して古代ギリシアには、「注がれた供え物」と「ケーキのような食べ物」を意味する pelanos と popanon という語がある。

また、紀元前2世紀、古代ローマの大カトーは、著作『農業論』（英訳本の題名は On Agriculture）にさまざまな種類のケーキを大量に列挙した。かなり厳格な文筆家だったこの元老議員がケーキについて書いているという事実に、もろもろの編者は驚かされてきたのだが、これは古代世界でケーキの概念が一定の重要性を持っていたことを示してもいるし、多種多様な用途や料理に使える食材が豊富にあったことも意味している。「古代ではひじょうに広範な食べ物をケーキとしてくくっているので、富裕層がちょっと楽しむ素朴な菓子にも、宗教儀式に関連した豪華なペルシアのデザートにも、同じ名前がつけられている可能性がある」[2]。

◉近代以前のケーキ

このかためのケーキは長く受け継がれ、中世期のイギリスではジンジャーブレッドに発展した。たいていパン粉に蜂蜜、それにコショウ、サフラン、シナモン、ショウガ（ジンジャー）などの香辛料を加えてなめらかになるまでこね、押して四角い形に整えた。香辛料は高価だったため、ジンジャーブレッドも高級なお菓子だった。きれいに飾りつけられることも多く、たとえば初期のころは、ツゲの葉とクローブの尖った花蕾《からい》［開花前の蕾（つぼみ）］をアレンジして金属の鋲を打った精巧な革鎧にみたて、葉をユリの紋章に形作り、花蕾を釘のように刺すなど、凝ったものもあった[3]。

やがて17世紀になると、シナモン、アニシード（甘い香りのするアニスの果実）、ショウガで味をつけ、甘草と赤ワインで色をつけたレッド・ジンジャーブレッドが人気を集める。めん棒で生地を薄くのばし、模様のついた流し型で押して表面に絵を描き、それをオーブン

オランダの画家ヤン・ライケン（1649〜1712）の銅版画「ジンジャーブレッドを作るパン屋」1742 年

で乾燥させたものである。(4)

オランダからもたくさん輸入された。オランダでは今日もこうした木の流し型を用い、模様のついたショートブレッド風のビスケットを作っている［ショートブレッドはイギリスの伝統的なお菓子で、バターをたっぷり使ったサクサクしたビスケット］。

古代の圧縮型ケーキも現代とほぼ同じ役割をはたし、お祝いや祭りの主役として出された。いくつもの機能をそなえた――おいしくて豪華であると同時に食べごたえじゅうぶんな――宗教的な供え物としての古代のケーキの使用法と、誕生日や結婚式の宴席を飾る象徴的な作品としての後世のケーキの意義を比較することもできるだろう。しかし発展性からいえば、圧縮型ケーキは袋小路にいる。現代のケーキはそこから生まれたものではない。これは17世紀に出現しはじめた、近代のパン菓子製造技術の産物なのである。古い製造法で作られたジンジャーブレッドは退場し、昔ながらの香辛料に小麦粉、バター、砂糖、卵を加えたものにとってかわられた。(5)

◉現代ケーキのルーツ――パン

それでは、現代のケーキは何から生まれたのだろう？　直接の祖先はパンである。パンとケーキの歴史は重なりあっていて、事実上ほとんど区別がつかない。

イギリスの初期のケーキはこれだという確実な証拠はない。とにかく最初期のパンとケーキの境はわずかであり、よぶんな材料が手に入れば蜂蜜と牛乳入りのパンが作られた。そこに脂肪が加えられたら、焼いているあいだに小麦粉のでんぷん粒がふくらんではじけるときに取りこまれ、結果的にある種のケーキができただろう。(6)

ひじょうに長きにわたって、ケーキはパンの範疇にとどまっていた。「ケーキ」という語源でさえはっきりしておらず、古ノルド語(古北欧語)kaka から来ているという説もあれば、古英語(アングロサクソン語)経由のラテン外来語がそれだという説もある。この言葉は1300年代から文献に登場しはじめた。

ケーキという語が使われるときは、どうもぜいたくな材料を使った平たいパンに強くむすびついているらしく、しかもこの「平たい」というのが重要なポイントのようだ。14世紀にラテン語から英語への書籍翻訳で活躍したトレヴィサのジョンが、1398年にケーキの初期の定義を示している。それによるとケーキをパンと区別する最大の特徴は、焼いている途中にひっくり返して両面を平たくすることにあるらしい。「ある種のパンは、炉火で焼いて

預言者エリヤをケーキとワインで養う天使。13世紀の聖書写本。

いる途中にさかさにひっくり返される。それはケーキと……呼ばれる」[7]。チョーサーの『カンタベリー物語』の「総序の歌」に出てくるケーキも、平たくて丸い。酒のみの召喚吏の持ち物で、彼はそれをふざけて盾のかわりに使っていた。「彼は巻きパンで小楯を作っておりました」[8]。

　中世のケーキには大きいものも小さいものもあった。中世の英語辞書のケーキの項には、たいてい小さなケーキかパイを意味するラテン語の pastillus が説明に載っているが、『カンタベリー物語』の「家扶《かふ》の話」には、小麦粉を半ブッシェル（13キログラム）も使ったケーキが出てくる。香辛料に砂糖か蜂蜜で味をつけ、エールの酵母でふくらませ、クリームとバターと卵を加えて豪勢に仕上げた、こういう大きなケーキは特別なときのごちそうとして出された。

一方、特製パンとしての小さなケーキ――今でいうバンズ［小型の丸パンで、ハンバーガーなどに使われるが、イギリスではレーズンなどを入れたものが多い］――は、中世のころから家庭をにぎわす食べ物になった。シェイクスピアの『十二夜』で、サー・トービー・ベルチは締まり屋の執事マルヴォーリオに「おまえが堅物だからって、ケーキもエールもだめだっていうのか？」と言い返している。(9)

この時代のケーキはぜいたく品であり、たとえば芝居やサーカス、売春などと同じように、清教徒《ピューリタン》が取り締まりの対象とした娯楽に位置づけられていた。実際、このシェイクスピアの芝居が初演される前の1592年、当局はパン屋に対して「これからのちいかなる場合においても、店の内外にかかわらず、香辛料入りケーキ、バンズ、ビスケットのほか、あらゆる種類の香辛料入りパンを作り、宣伝し、女王陛下の臣民に対して売ること」を禁じる布告を出した。この規則の例外として認められたのは、葬式、クリスマス、聖金曜日［復活祭前の金曜日で、キリストの十字架上の死を記念する日］だけである。

後世のわたしたちが今も食べる十字飾りのついた、香辛料とフルーツ入りのバンズは、チューダー朝時代のレシピそのままで作られている。(10)その後のジェームズ1世の時代にも、パン屋に香辛料入りパンやバンズを作らせまいとする試みがたびたび行なわれたが、まったく効果は上がらず、時代の流れとともに各地に特色あるケーキ＝パンが生まれていった。チェルシーバンズ、バースバンズ、コーニッシュスプリッツ、めずらしいサセックス・プラムヘビーズや、大きめのケーキではバースの有名なサリーラン、ノーサンバーランド・レディーケーキ、コーニッシュ・サフランケーキ――17世紀にはおしゃれな朝食として、こうした軽く香辛料をきかせたバンズを飲み物のチョコレートと一緒にいただくのがはやったものだが、もはやそれをとがめられることはない。

◉ケーキとパンの「奇妙」な歴史

名前に「ケーキ」がついていても、現在、これらは菓子パンに分類される。たとえばひじょうにコクのあるレディーケーキ（生地にさいの目に切ったラードとブラウンシュガーをはさみこむ）など、風味を増したこの種のパンの今日のレシピには、冒頭に実際はこれはパンの一種であるという説明が載っている。

なにゆえここまで無秩序なままかというと、イギリス人の頭の中では、もともと曖昧でしかなかったパンとケーキの区分に多くの品目がごちゃごちゃと分類されたまま、現在にいたっているからである。

ティーケーキやティーブレッドの場合を考えてみよう。どちらも材料に紅茶が使われているからというより、お茶の時間に出される食べ物というところからついた名前である。ティーケーキをいちばんよく見かけるのは、小さな観光地の喫茶店だ。これはイーストでふくらませたフルーツ入りのバンズで、アフタヌーンティーの時間に割って焼いたものにバターを塗って食べる。マフィンやクランペット［丸型の軽食パンで表面に気孔があるのが特徴］と同じく小型パンに属し、ケーキと共通しているのは平たくて丸い点しかない。

ところがまぎらわしいことに、ティーブレッドのほうはケーキなのだ。重曹などの化学物質でふくらませた軽めのあっさりしたケーキで、たいていハイティーで出される。午後遅くか夕方早くにとるハイティーは、お茶と軽い夕食を兼ねた奇妙な食事で、19世紀後半から20世紀前半の農村地方の風習から生まれた。献立はパンとバターのほか、ゆで卵やハム、あるいはニシンの燻製などといった簡単な料理に、ごくシンプルなケーキがつく。ティーブレッドと呼ばれるのは、パンに似た形をしているからである。長方形の深い流し型（パウンド型もしくはローフ型）で焼き、パンと同じように切って、バターを塗って食べることが多い。

こういうなんともおかしな不一致があるにせよ、今日のイギリス人に、イーストでふくらませたものは伝統的なケーキの範疇に入らない、という感覚が根強くみられることも事実で

ケンブリッジの喫茶店の軽く焼いたティーケーキ

ある。ほかのヨーロッパの国々はそうではない。フランス、ドイツ、オーストリア、イタリア生まれの有名なケーキには、イーストでふくらませたものが多い。

1600年代前半から作られていたことで知られるクグロフ（グーグルフップフともいう）は、フランスのアルザス地方、ドイツ、オーストリア、ポーランドの名菓で、斜めのひだのある深いリング状の型で焼く。フランスのサヴァランや、それによく似たラムババは、バターや卵をたっぷり使ったイースト入りのブリオッシュ生地で作り、シロップとラム酒に浸して、柔らかくジュワっとした、独特の味わいを醸しだす。ブランデーに浸してマジパンを詰めた、ドイツのクリスマス・シュトレン。イタリアの大きなパネトーネ。どれも感覚的にはパンよりケーキに近いとみなされている。

こうしたお菓子はオランダ、ドイツ、スカンジナヴィア諸国の移民たちとともに大西洋を渡り、アメリカでコーヒーケーキという分野を生んだ。イーストでふくらませた生地を用い、リング状に焼いたものが多く、そぼろ状のシュトロイゼルをさまざまにトッピングしたり、ナッツや蜂蜜、シロップをふりかけたり、カスタードやクリームチーズを中に詰めたりする。午前中にコーヒーで一服するときのおともであり、朝食に菓子パンを食べるという初期の風習が発展したものといってよい。

◉パン以外の系列のケーキ――ポリッジ、プディング、パンケーキ

現代のケーキにはパン以外の祖先もいる。ひとつはパンよりもずっと素朴な食べ物――オートミールなどの穀物を水や牛乳で煮たおかゆ、ポリッジである。昔の人はかたい穀物をふやかしたり煮たりしておかゆ状にし、食べられるようにしたらしい。中世にはいろいろなポリッジがあり、豪華なものだと、オーツ麦か小麦にドライフルーツ、牛や羊の腎臓周辺のかたい脂肪スエット、バター、蜂蜜、香辛料を加えて作った。こうした特別版は祝宴のほか、

よくクリスマスに出された。

この「プラムポリッジ」（中世ではプラムをドライフルーツの総称として使った）は、いつしか原材料のせいでとてもかたくなり、おかゆというより固形物に近くなった。そこで料理人たちはこれを布で蒸すことを思いつき、ここからつやつやした丸いプラムプディングが生まれ、ヴィクトリア朝のクリスマスに欠かせない食べ物になっていったのである。これは焼くこともできた。ふくらますにはエール酵母を加えればいい。初期の豪華なフルーツケーキの起源がプディングにあることは、通称からもわかる――「プラムプディングケーキ」と呼ばれたのだから。

中世の時代には、パン焼き窯はまだ普及しておらず、フルーツケーキはプディングよりずっとめずらしかった。火事の危険があったからだ。母屋と厨房が別棟になっている立派な荘園や修道院しかパン焼き窯を持っていなかった。窯をあつらえても安全なほど家屋の壁が堅牢になったのは、やっと16世紀になってからである。それ以前、焼く作業のほとんどはただの炉辺で行なわれた。結果として、「特別な（あるいは大きな）」ケーキは特別な屋敷に住む人々の口にしか入らないことになり――それでさえ、材料が高価なため祝日の食べ物にきびしく限定された。

ポリッジからプディング経由で生まれたフルーツケーキと、特製パンの一種としてのフルーツケーキを厳密に区別することはできないが、前者のほうが他の材料に対するフルーツの割合が多く、ずっと重厚な味わいがする。

食べ物の歴史をくわしくひもとけば、ほとんどの食べ物にたくさんの異なる祖先がいて、さまざまな発展が同時に進行していることがわかる。料理とは合理「科学的」産物というより、偶然や予期せぬ発見の過程で生まれたものがほとんどだといってよい。

現代ケーキのもうひとつの祖先はパンケーキである。卵に牛乳に小麦粉という昔の調合は、とりわけ円形の鉄板ではなく浅鍋で作った場合、後世のふくらんだバターケーキとさして変わらない。決定的な違いは卵の使用にある。泡立てた卵白の膨張力は、びっくりするほど昔から知られていた。いちばん古い文献資料はイタリア・ルネサンス期の料理書だが、もちろん、それらが書かれた時代が泡立てた卵白の発見時期を示しているわけではない。

◉卵白の発見

新しい調理法が記録に残されるには、つねに長い――往々にして一世代くらいの――時間を要するものだ。すでにエリザベス女王時代の宮廷では、泡立てた卵白を使った品々が名物になっていた。たとえば、最初はクリスマス料理として出されていた「スノウ（雪）」というのは、クリームと一緒に泡立てた卵白をリンゴの上にたっぷりとかけ、飾りにローズマリーの「茂み」をあしらった一品である。

フォークが発明される以前、卵白の攪拌は考えられないほど難しい作業で、当時の料理人たちは皮をはいだ小枝を束ねた道具を使ったり、スポンジで何回も卵白を絞りだしたりしては目的を達していた。やがて泡立てた卵白、あるいは全卵を泡立てたものが、小型の焼き菓子をふくらますのにうってつけだということがわかった。

本質的には現代のスポンジケーキと変わらないレシピが最初に載った英語の本は、1615年に出版されたジャーヴェス・マーカムの *The English Huswife*（『イングランドの主婦』）である。

ビスケットブレッドを作るには、精製した小麦粉1ポンド［約453グラム］と、細かく砕いて炒った砂糖1ポンドをよく混ぜあわせる。次に、卵8個に黄身4個を加えて泡立てる。泡立てながら、あわせた小麦粉と砂糖に散らすようにしながら混ぜていく。一度に少しずつ加えるので、泡立てには1時間はみなければならない。次に、アニシードとコリアンダーの種半オンス［約14グラム］を乾燥させ、きれいに皮をむいたものを加える。ビスケットパンに冷たいスイートバター（無醱酵バター）をできるかぎり薄く塗

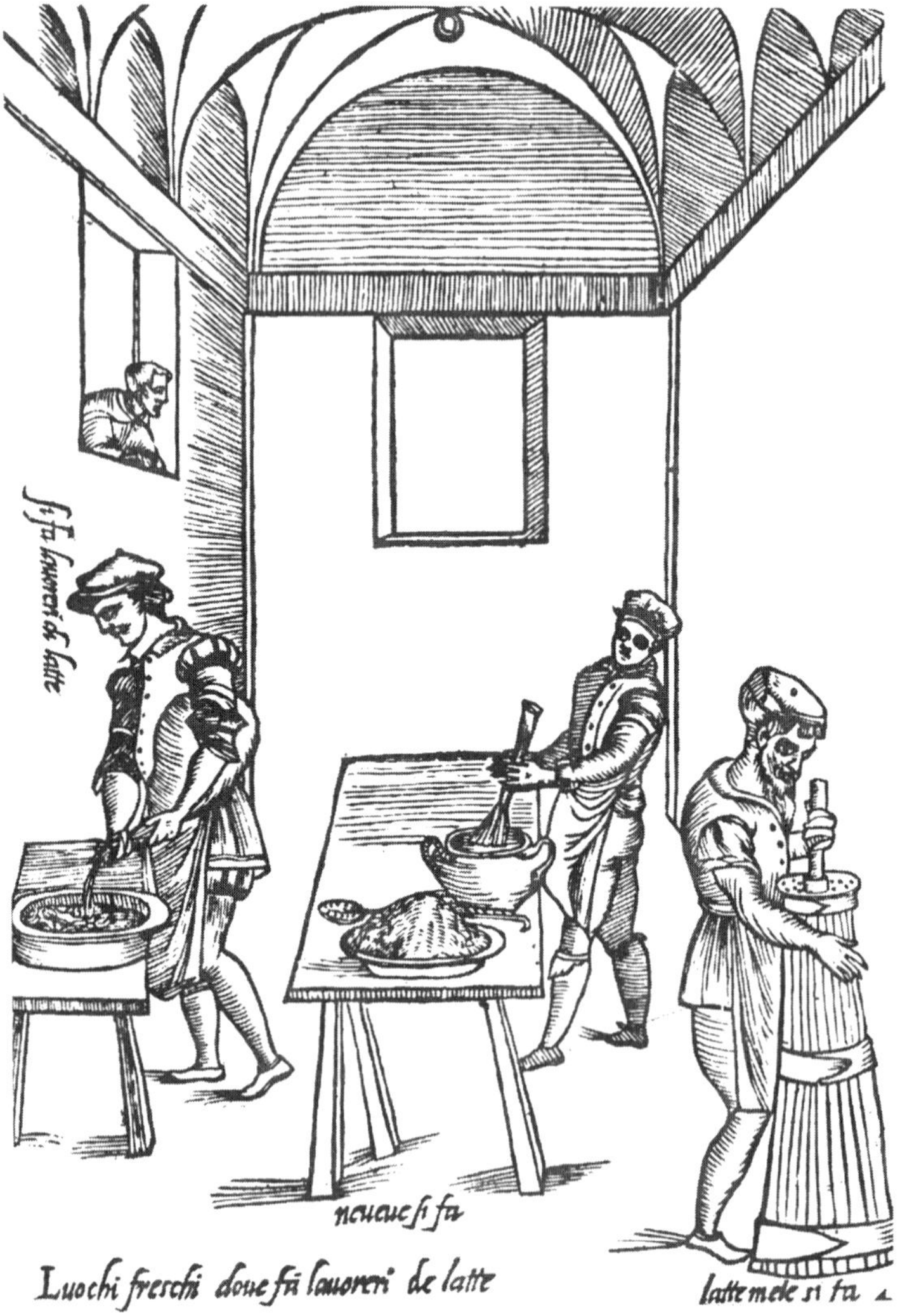

卵の撹拌を描いたものとしては最古とされる図版。台所で徒弟がかき混ぜている。ルネサンスの料理人バルトロメオ・スカッピの *Opera*（1570 年）より。

り、生地を入れて窯で焼く。しかし薄いケーキを作りたい場合は、バターなどを塗った果物皿に生地を入れて焼く。ほとんど焼きあがったころにひっくり返し、手でぎゅっと下に押しつける。ビスケットブレッド生地に少量のクリームを加えてもよい。まちがってはおらず、とてもおいしくできる。(11)

このレシピには見落とせない特徴がたくさんあり、とてもおもしろい。まず、このケーキは大きいときに「ビスケットブレッド」と呼ばれ、小さく焼いて平たくしたときだけ「ケーキ」と呼ばれている（現代のビスケットやクッキーにごく近い）。生地を混ぜるのにひじょうに長い時間をかけていることも、重要な点だ。つまり、現在のわたしたちがケーキを作るときのように小麦粉を最後にそっと加えるのではなく、卵や砂糖と一緒に攪拌していることになる。結果として、小麦粉のグルテンの弾力と粘りはかなり増し、相当噛みごたえのあるケーキができるだろう。アニシードとコリアンダーの種を加えているのも大きな特徴である――イギリスではケーキにフルーツを使わないとき、19世紀の途中までほぼすべてのケーキにさまざまな種を入れていた。

◉輪型、オーブン、そして大量の卵

ゆっくりと、17世紀と18世紀を通じて、「現代の」ケーキが登場しはじめた。さまざまな料理技術の革新がなければありえなかっただろう。最初は輪型である。これはケーキ型の前身にあたり、17世紀の終わりごろから使われるようになった。木や錫《すず》、紙などで作られ、平らな天板《てんぱん》に置く。枠がなければケーキは浅いドーム状に焼きあがるが、これがあればまっすぐな円柱状に仕上がる。輪型の使用によってケーキの表面がかたくなりにくくなり、質感がぐっとよくなった。

オーブンの発達もケーキの進歩に貢献した。炉床近くの煙突の壁内に鉄製の扉のついた小型の窯が組みこまれて、パン、ケーキ、パイなどが作れる小型オーブンの役割をはたした。1780年に調理用レンジが発明されると、温度管理をしやすくなり、もっと軽くてデリケートなケーキを作るのが可能になった。

最大の変化は、イギリスのケーキとパンを決定的に分けることになった点――膨張剤からイーストがはずされたことである。この変化はじわじわと起こったので、移行の時期をここだと特定するのは難しい。

1725年のロバート・スミスの著書 *Court Cookery*（『宮廷料理』）のレシピはイーストで

ふくらませたケーキだけだが、わずか2年後に出版されたエリザベス・スミスの *Compleat Housewife*（『完璧な主婦』）には、「上等なグレートケーキ」や「おいしいシードケーキ」など、卵だけでふくらませたケーキが何点か載っている。それなら卵でふくらませたケーキの出現は1727年だと思いたくなるかもしれないが、前にも述べたように、料理書というのは調理法を映す鏡ではない。

わたしたちにいえるのは、「卵がじゅうぶん入っていればケーキをふくらますのにエール酵母を加える必要はない」と料理人たちが気づきはじめたのは、18世紀の初期ということである。2種類のケーキはどちらも料理書に載ったまま、18世紀をすぎ、19世紀になった。1861年のイザベラ・ビートン著 *Book of Household Management*（『家政の書』）にも、イーストだけを使用したケーキが紹介されている。このころには、イーストはシンプルで安価なケーキをふくらます材料になっていたらしい。ビートンのケーキの用途は「質素なケーキ、学校の子どもたちへ届けるのに適当」とある。

イーストの膨張力に匹敵させるには、大量の卵を必要とした。新しいケーキのうち、もっとも普及したのはパウンドケーキだった。バター、砂糖、小麦粉を1ポンドずつのほか、おおむね同じ重さの卵（約8個）を使うことからついた名前である。この配合だと、フルーツをたくさん入れたケーキでさえふくらます力があった。

いずれにせよ、卵白と卵黄を別々に泡立てるにしても、全卵でそうするにしても、長時間混ぜなければならない。こうしたケーキ作りは大変な重労働で――バターと砂糖をあわせてクリーム状にするのに少なくとも1時間、ついで卵を泡立てるのに同じ時間をかけなさい、という指示もめずらしくなかった。風刺画に出てくる筋骨隆々のコックは肉体労働の現実にもとづいている。

◉ふわふわのケーキ、誕生。

現代ケーキの歩みの最終段階は、化学的膨張剤の開発である。最初に登場した真珠灰《パールアッシュ》――木の灰から抽出した炭酸カリウム――は、1790年代からアメリカで使われはじめた。弱アルカリ性なので、サワーミルクなど弱酸性のものと混ぜると泡を発生する。イーストの場合とは異なり、すぐに反応してくれるため、「パン」やケーキを作る時間は短縮された。ただ真珠灰には難点があった。脂肪と反応すると妙にせっけんくさくなってしまうのである。やがて真珠灰は、反応形式は同様でもそれほど作用が強くない重曹にとってかわられた。

1850年ころ、「本物」のベーキングパウダーが発明された。あらかじめ、酸（たいていは酒石《しゆせき》［ワインが発酵する際に生成する沈殿物］の粉末）とアルカリ（重曹）が混合されており、保存中にふたつの成分を反応させる湿気を防ぐため、少量のでんぷんが加えてあった。ベーキングパウダーのおかげで、大量の卵と長時間の攪拌というくびきはとりはらわれ、柔らかくて軽い、スポンジ状のケーキを作れるようになった。現代ケーキの誕生である。

◉砂糖とアイシング

とりわけ大事な機会に特製のケーキが出される場合、砂糖衣がかかっているはずだ。初期のころのアイシング――砂糖衣がけ――は、オーブンから出した熱いケーキにバラ水を加えた卵白を塗り、それに砂糖をふりかけてから温度の低いオーブンに戻し、乾燥させるという手法だった。

1669年に出版された、科学者・哲学者・探検家として名高いケネルム・ディグビー卿の料理書によれば、「一点のけがれもなく、純白で、なめらかさは磨きをかけた銀と磨きをかけていない銀のあいだくらい、もしくは鏡のごとくに見えること」を理想にしなければならないとある。(12)

料理人が避けるべきは、アイシングを焦がすことだった。多くの料理書が注意をうながしているところをみると、おそらくありふれた失敗だったのだろう。ケーキのアイシングに直結する砂糖の質は17〜18世紀に向上し、そのほかの材料とあわせてからケーキに塗られるようになった。18世紀の料理研究家ハンナ・グラースは「羽根のブラシか束」でケーキにアイシングするよう勧めている(13)。

17世紀前半までに、すでに砂糖はイギリスの精糖所で「精製」されていたが、それでも岩のようにかたい粗糖を割って、機械で細かい粉末にするのは相当な労力だった。砂糖のアイシングができる前、アイシングにはもっと派手な役をふられていた――中世の祝宴の余興「サトルティーズ」の出し物に使われたのである。香辛料入りシュガーペースト、アーモンドペースト、クインスゼリーなどを用い、さまざまな人物や動物を配した風景や城などの凝った彫刻が作られた。

こういった作品の役割はもちろん見世物で、大宴会のコース料理が運ばれる合間のお楽しみだった。16世紀になるとこの流行はすたれたが、アーモンドペーストはマーチパン（マジパンの古語）の形で残り、たいてい砂糖衣をかけられて、宴会のしめの甘いもののコースで大きな円形ケーキに飾りつけられた。

18世紀後半、マジパンは復活してケーキとアイシングのあいだに塗られるようになる。おいしいだけでなく、マジパンを塗ることでしっとりしたケーキと乾いたアイシングが隔てられ、ケーキの質を維持する役目をはたした。またアイシングにしても、熱いマジパンにふれるために鏡のように溶けるので、オーブンに戻す必要がなくなった。

ほぼ同じころに砂糖の製造が機械化され、粉砂糖あるいはアイシングシュガーと呼ばれるひじょうに細かい砂糖が生産されはじめた。砂糖がここまで細かくなれば、なめらかでぴかぴかのアイシングにするためにわざわざ熱して溶かさなくてもよい。現代のロイヤル・アイシング――結婚式やクリスマスのケーキに塗る「伝統的」な砂糖衣――は、最初期のアイシングと同じ材料を用いており、乾くとしっかりかたまる。

もっと簡単なアイシングもある。たとえばウォーター・アイシングやボイルド・アイシングの材料は粉砂糖と水（ときには牛乳）だけで、前者はたんに混ぜるだけ、後者は煮つめて濃くするだけである［ウォーター・アイシングはグラッセ・アイシングともいう。ボイルド・アイシングには泡立てた卵白に熱いシロップをかけるという作り方もある］。こういったアイシングはあまりかたくなく、乾いた表面の下にふんわりした食感が残る。そのため、スポンジのあいだにジャムやクリームをはさんだヴィクトリア・サンドイッチなどの柔らかいケーキや、カップケーキに使われることが多い。

アメリカのセブンミニッツ・フロスティングは、ロイヤル・アイシングとほぼ同じ材料を使っているが、作り方が異なるので仕上がりもひじょうに違う。つまり、熱を加えながら卵

20 世紀初頭、イギリスのバースデイケーキ風の巨大なケーキを飾りつけているイタリアの製菓業者。イタリアの画家アキーレ・ベルトラーメ画。

イギリスの凝ったケーキ。多色石版刷り。1874 年。

白と粉砂糖をきっかり7分攪拌する。できあがりは甘みの強いメレンゲのような感じ――柔らかさはマシュマロとメレンゲの中間くらい――で、ケーキの上にたっぷりと渦巻き状にのせる。つるつるしたロイヤル・アイシングとは正反対だ。よくいわれる国民性の違いが砂糖にもあらわれた、というところだろうか。

フランスの場合は、チョコレートガナッシュ（クリームとチョコレートを一緒に溶かしたもの）か、フォンダン（砂糖と水飴を煮つめ、ペースト状になるまで練りあわせたもの）を水で薄め、ケーキの上にかけるフォンダン・アイシングが使われる。フォンダンは乾くとつややかでパリッとした仕上がりになるが、噛むと柔らかく、エレガントでおいしい華やかさを添える。

現在のケーキには、昔ながらのアイシングと同じくらい、バタークリームもよく塗られる。バタークリーム・フィリング（詰め物）が考案されたのは、19世紀末のドイツらしい。[14] たぶん、低温殺菌という新たな方式が導入されて以来、質とかたさが変わったクリームの代用品を探していたシェフが発明したのだろう。また、ホイップクリームと違い、バタークリームならさまざまな形が作れるし、精巧に加工された口金という技術革新もあいまって、まったく新しい装飾の可能性が開けた。1970年代から子どもたちのバースデイケーキとして人気の高い、漫画やキャラクターを描いたカートゥーンケーキは、はじめのころはバタークリームを使っていた。

最近は、あざやかな色に染められる「プラスティック」・シュガーペースト・アイシングを用いて自在にケーキの表面を飾り、自然で本物の漫画そっくりのできばえになっている。

第2章◉世界のケーキ

1930年代のナポリ。哲学者のジャン＝ポール・サルトルは、「粋に白い麻の服を着て、歯をきらめかせ、生き生きとしながらも疲れた目をした」男たちを観察していた。そのうちに男たちがどことなく彼の凝視を避けているのに気づき、にぎやかなローマ通りに立ち並ぶ洒落た菓子店のケーキに目を転じた。

> ケーキは人間だ、顔に似ている。スペインのケーキはもったいぶった苦行者めいた感じで、かじるとぼろぼろ崩れる。ギリシアのケーキは油っぽい小型のオイルランプ。口にすると油がしみ出す。ドイツのケーキはシェービングクリームのように大きくて柔らかい。誘惑にかられやすい太った男たちが、味わいもせずただ口を甘さで満たすため、気

「カフェの女たち」 1924年　油彩　イタリアの画家ピエロ・マルシーグ作

ままに食べられるように作ってある。だがイタリアのケーキは冷酷なまでに完璧だった。とても小さくて非の打ちどころがなく、どれもこれもプチフールほどの大きさもなく、きらきらと輝いている。おそらく誰もが、厳然とした色鮮やかさに食べてみようという気は失せ、彩色した磁器の置物のようにサイドテーブルに飾っておこうかと思うだろう[1]。

サルトルにとって、ケーキはよくいわれる国民性を戯画的に伝えるもの——つまり、それぞれが別物だった。しかし実際には、それほど簡単にケーキを国別に分類できるわけではない。現代ケーキの発展史も独自性ばかりでなく、相互にかかわりあってできている。ヨーロッパ諸国のさまざまに特色ある料理の伝統から生まれたケーキは、個性があるといえども統一性を持った存在だ。

ケーキの歴史の重要な水脈のひとつは、ルネサンス期のシェフたちを擁するイタリアにはじまる。なかでもとりわけ有名なバルトロメオ・スカッピは、16世紀半ばの枢機卿や教皇の料理人で、アラブ世界の伝統的なペストリー製造法をはじめて応用したヨーロッパ人コックに数えられる。1570年に出版されたスカッピの料理書 *Opera*（『オペラ』）に、スポンジケーキを作るときに欠かせないテクニックに関する最初期の記録がある。ふわりとしたカスタードクリームのようなデザート、「ザバイオーネ」のレシピの中で、スカッピは卵白の泡立てだけでなく、全卵と砂糖をあたためながら一緒に泡立てるという過程にも言及している。

こうした技法はヨーロッパ中に広まり、ドイツの料理人マルクス・ルンポルトは1581年の著作 *Ein new Kochbuch*（『新しい料理の本』）に「卵白だけで作るビスケット」のレシピを載せた。半世紀後、新しい料理が生まれる地はフランスへ移ってゆく。宮廷の料理人たちは中世の味覚や習慣を打ち破る料理を次々に考案していった。

◉フランスケーキの誕生

こうした最先端の料理をはじめて紹介した本、*Le Cuisinier françois*（『フランス料理』。1651年）の著者ラ・ヴァルネは、お菓子だけの本を書いたことでも知られる。1653年、当初は匿名で出版された *Le Pâtissier françois*（『フランスの菓子職人』）は実にくわしい指南書で、ひとつひとつの手順のほかに、測り方や温度についても述べてある。サクサクした折りたたみ生地のパフペストリーや、マカロン、ワッフルの作り方は、今とほとんど変わらない。小型の窯を「プチフール」と呼んだのもこの本が最初で、やがてこの言葉はフランス独特の美しい小型ケーキをさすようになった。(2)

精巧なフランスケーキの伝統は、アントナン（マリー＝アントワーヌ）・カレームによって頂点をきわめた。1784年、フランス革命が勃発する5年前、極貧家庭に生まれたカレームは10歳のときに捨てられ、自力で生きていくほかなくなった。安食堂に拾われて7年間奉公したあと、有名パティシエのシルヴァン・バイイの高級菓子店で菓子職人として働きはじめた。やがてそこから、当代きっての辣腕《らつわん》政治家タレーラン邸の厨房に職を得る。菓子担当の料理人として雇われたものの、料理長ブーシェについて一般料理の勉強にも励んだ。そこを離れるときには、すでにカレームの腕前は師匠をしのぐものになっていた。

カレームは当時のもっとも有名な料理人となり、イギリスの摂政皇太子［精神を病んだ父王にかわって君主国を統治していた時期のジョージ4世］、ロシア皇帝アレクサンドル1世、オーストリアの宮廷、パリの銀行家ジェームス・ロスチャイルドなど、世界各地の綺羅星のような著名人に雇われた。料理史の分野では、やがてフランス料理の「規範」となる調理法を詳述した書籍シリーズを刊行したことで知られている。

しかしカレームは、つねに菓子職人でもあった。彼は知的情熱を傾け、精巧な菓子の建造物の創造や記録に取り組んだ。彼の有名な言葉に次のようなものがある。「芸術には五種類ある――絵画、彫刻、詩、音楽、建築――そこから分かれた大きな枝が菓子だ」。フランス上流社会につとめる菓子職人は、ピエスモンテ、すなわち宴席に花を添える精巧な装飾菓子を作らなくてはならなかった。こうした豪華な菓子は中世でも人気だったが、18世紀と19世紀のフランスで頂点をきわめた。

◉カレームとソイヤーの超絶ケーキ

カレームが1815年に出版した2冊の菓子の本、*Le Pâtissier royal parisien*（『パリの宮廷菓子職人』）と*Le Pâtissier pittoresque*（『華麗なる菓子職人』）に書かれているのは、ほとんどすべてがこういった驚くべき菓子の数々といってよい。

カレームがとくに得意としたのは、廃墟、寺院、パビリオン、城などの建造物だった。フランス料理のバイブル『ラルース料理大事典（ラルース・ガストロノミーク）』の新版には、カレームが考案したいくつものデザインが古典的なピエスモンテとして載っている。それによると、「ハープ、古代ギリシアの竪琴リラ、地球、中国の仏塔、クロラッパタケ（ラッパ型の黒いキノコ）、船、教会、野外ステージ、滝、ルイ15世の四輪馬車、岩の上のイルカ、刈り入れの籠、寺院、手押し車」[3]。

この種の菓子は必ずしも実際に食べるためのものではなかったが、カレームの時代のものはたいてい、少なくとも建前上はそうなっていた。本体がケーキでないこともあったが、ケーキとその仲間——ビスケット、マジパン、クリーム、アイシングなどがもっともよく使われる材料だった。ケーキの歴史にとってより重要なのは、精巧なデコレーションケーキが宴会や祝宴の象徴的存在となる伝統に、ピエスモンテが大きくかかわってきたことだ。

ピエスモンテ「イタリア風建築」のデザイン画。マリー＝アントワーヌ・カレーム著 *Le Pâtissier Pittoresque*（1842 年）より。

19世紀には、ほかにも装飾菓子の制作に腕をふるった料理人たちがいた。カレームの弟子で、一時期ドイツ皇帝にもつかえたユルバン・デュボワは、ときには食べられない材料も装飾に駆使して、師匠以上に凝った作品を作った。

また、当時のイギリスでもっとも有名なシェフだったアレクシス・ソイヤーも、豪華な細工ものが得意だった。1840年代にはロンドンの格式ある紳士クラブ、リフォーム・クラブの料理長をつとめ、社会的な行動でたびたび紙面を飾った。ジャガイモ飢饉がアイルランドを襲ったときには、そのただなかにダブリンにおもむき、みずから考案した仮設の炊き出し所を設置、クリミア戦争時にはクリミア半島に渡ってイギリス軍の兵糧改善に尽力、また簡単に着脱できる服を開発したりした。ソイヤーはつねに注目される人物だった。

一方、各地での活動の合間をぬって、社会のそれぞれの階層にあう料理の本を執筆した。新興の都市中間層には、ふたりの女性のあいだで交わされる手紙形式で書かれた *The Modern Housewife*(『現代の主婦』。1850年)。低所得層には *A shilling Cookery for the People*(『大衆のための1シリング料理』。1854年)。また富裕層向けの *The Gastronomic Regenerator*(『美食再生』。1846年)では、「簡潔でまったく新しい料理の体系」をめざすと銘うった。実際の内容は、基本的にはカレームの体系にもとづいたもので、ところどころをイギリス人の好みにあわせて変更を加えている。

ケーキとビスケットで精巧に作られた船「ジョージア号」 1888〜1900 年

彼が富裕な著名人の宴席のために用意した装飾菓子の項は、ソイヤーらしい華やかな、そしてちょっと自慢げな文体で書かれてある。Hure de Sanglier glacé en surprise は、猪の頭を模したアイスクリームケーキ。Gâteau Britannique à l'Amiral は、イギリス提督の船。これは20個の卵を使ったスポンジケーキを船の形に焼いて、アイシング、ペースト、ゼリー、ウエハース、マーマレード、ジャムなどを使って大砲や甲板、波や帆を作り、飴細工の索具で仕上げをほどこしたものだ。

◉フランスケーキの神髄

こうした大作だけでなく、18世紀と19世紀の名シェフたちは、いわばフランス菓子の文法のようなものを示した。あらゆる種類のケーキについて、形、中に詰めるもの、味、飾りつけにいたるまでを決定し、その形式は現在まで受け継がれている。新しい作品がレパートリーに追加されることはあっても、どのケーキにも規則が存在し、自分勝手な変更は許されない。

たとえば、サントノーレ。サクサクした練りこみ生地の上にシュー生地をリング状にのせ、その上にキャラメルがけをした小さなシュークリームをのせて丸く飾り、真ん中にクレ

19世紀のケーキのさまざまなスタイル

ーム・シブースト――カスタードクリームにゼラチンでかたさを、卵白で柔らかさを加えたクリーム――を絞ったお菓子だ（このクリームの名前は、ケーキ「シブースト」を考案した19世紀の菓子職人の名前に由来する）。

一方、やはりパリジャンが作った、サントノーレの向こうをはるケーキ、パリブレストもリング状のシュー生地を使っている（このケーキの名前は、パリ－ブレスト間の自転車レースを記念して自転車の車輪の形に作られたといわれる）。しかしこの場合、アーモンドを上に散らし、横に切ってプラリネ（ナッツペースト）を詰める。さて、ある野心的な菓子職人がパリブレストにサントノーレのクリームを詰めることにした。だが、そのケーキはすでに「パリブレスト」とは別物である。そのため新しい名前をつけなくてはならなくなった――すなわち、パリニース。

これはアメリカの料理文化とはまったく対照的だ。アメリカの家庭では、みんな独自の工夫をこらし、レシピを微妙に変えたり、秘密の風味を加えたりして、「私風○○ケーキ」を作り出す。フランスの流儀は独自性や変化よりも、伝統と正確性に重きをおく。フランスでは、ケーキは決定的にプロの領域に属する。家でお菓子を作る習慣はほとんどない。イギリスの有名な料理研究家エリザベス・デイヴィッドが述べているように、「あちこちの有名なパティシエの店に行って、自宅用のケーキや苺のタルトや果物のサヴァランなどを注文して

Lebel pinxit
Joullain Sculpsit
LE MARCHAND D'ECHAUDÉS
Amants? pour regaler vos belles
Je suis le Marchand fait exprès,
On ne peut flechir les Cruelles
A moins de soins et moins de frais.
Lépicié
a Paris chez Gautrot et Joullain Quay de la Megisserie a la Ville de Rome Avec Privilege du Roy

フランスの公園でケーキを買う貴族の恋人たち。フランソワ・ジュランの銅版画。1760 年。

も、フランスでは決して不名誉なことではなく——むしろその反対だ」(4)。

◉オーストリア＝ハンガリーのケーキ

さて、19世紀のオーストリア＝ハンガリー帝国からも、別の伝統が生まれた。帝国の版図は広大で、オーストリアのほか、周辺のハンガリー、ボヘミア（現在はチェコ共和国の一部）、モラヴィア（現在のスロバキア共和国）を含む。オーストリアのハプスブルク帝国が何世紀にもわたって併合や再併合を繰り返したこの地は、多難な歴史を歩んできた。しかし文化的な伝統はそれぞれに異なっているものの、こと食文化に関しては共通点が多い。とくにデザート類はどの国でも特別な地位が与えられていて、これはほかのヨーロッパ圏には見られない構造的な違いだろう。ケーキなどのお菓子類はたんなるおやつや付け足しではなく、確固とした「食べ物」として各国の歴史の舞台に登場している。事実、何世紀ものあいだ、さまざまな出来事がカフェを中心に起こってきた。

オーストリア＝ハンガリー帝国内のカフェは生きた歴史である……中央ヨーロッパの文化と分かちがたくむすびついているシュトラウスの軽快な調べが、最初にウィーンっ子たちの耳に響いたのは、カフェ・ドンマイヤーでのことだった。激烈な1848年革命が起きたのは、ブダペストのカフェ・ピルヴァクスからだった。ヴァーツラフ・ハヴェルと自国の同志たちはカフェ・スラヴィアのコーヒー越しに、チェコスロバキアのビロード革命を組織した。これら3都市の知識人たちはカフェを自宅の居間がわりとし、しばしばペンを走らせ、時代の先端を走る文学、芸術、音楽を伝えてきた(5)。

フランスのケーキも、旧オーストリア＝ハンガリー帝国のケーキも、とてもコクがあって保存がきかないものが多い。ガトーもトルテも、柔らかで繊細な生地においしいクリームを使って入念に仕上げたお菓子で、もつのはたった1日、できてから数時間以内に食べられることを前提に作ってある。

フランスのケーキでいちばん典型的な詰め物がペストリークリーム（小麦粉を加えてぽってりさせたカスタードクリーム）であるのに対し、中央ヨーロッパのケーキによく使われるのはクリームである。ホイップクリーム――ウィーンっ子は「シュラークオーバース（よく泡立てた生クリーム）」、それ以外のドイツ語圏では「シュラークザーネ」と呼ぶ――は、カフェ文化を豊かにいろどる。コーヒーやホットチョコレートの上にすくってかけたり、ホイップクリームを使っていないケーキであれば、横に添えて出されたりする。したがって、あ

ロシアのケーキ。ティーカップはガラス製。

の有名なザッハートルテのようなケーキも、オーストリア以外の人間の好みにすれば、妙にパサパサした感じでがっかりするむきも多いのだが、わきにホイップクリームをたっぷり添えて、一口ごとにそれをつけながら食べるのが伝統だということを理解しなければならない。

◉ヨーロッパ各地のケーキ

それぞれの国の伝統的なケーキの作り方の違いは、ケーキが出される状況からもある程度の説明ができる。オーストリアやフランスで昔から愛されてきた甘くてこってりしたケーキは、コーヒーや紅茶のおともになるのが最適なように作られてある。イタリアのケーキの多くがあっさりとして軽めなのは、ワインと一緒に出されることがひじょうに多いからといえよう。しかしイタリアにはまったく正反対のケーキもある――そのしっとり感は、ほかのヨーロッパの国々のケーキにまったくひけをとらない。ふつう、小麦粉ではなくナッツパウダーを用い、またジュースやシロップを加えることも多いので、さらにしっとり感が増している。これはプディングケーキの仲間といってよく――それ単独でおやつにするというよりも、食事の最後に出されたりする。

同じようなケーキはスペインやポルトガルにもある。たぶん、こうしたケーキは、どんな料理にもナッツパウダーをよく使う中東から伝わってきたのだろう。この種のケーキがユダヤの伝統料理にあるということも、その関連性を示している。オレンジとアーモンドのケーキは、セファルディムのユダヤ社会ではよく知られた伝統料理だ（セファルディムとは、離散《ディアスポラ》ユダヤ人のうち、スペイン周辺や地中海地方、中東に定住した人々をさす。北方に定住した人々はアシュケナジムという）。小麦粉のかわりにアーモンドパウダーを使ったケーキは、とくにユダヤ人のエジプト脱出を記念する過ぎ越しの祭りのために焼く。

柑橘類は、中東やユダヤの料理の著者として名高いクローディア・ローデンによれば、特別な宗教儀式に必要なものとされ、周辺社会がまだ料理に応用しなかった時代からユダヤ料理の特徴になっていたという(6)。典型的なレシピのひとつは、次のようなものだ。まずオレンジを丸ごとゆで、きざみ、すじをとり、外皮を細かく切るなどして、砂糖、全卵を泡立てたもの、アーモンドパウダーと混ぜ、オレンジたっぷりのマーマレードを使ったコクのある、しっとりしたケーキに焼きあげる。

ドイツもケーキにナッツや種をたくさん使う。クルミや、独特な風味のあるケシの種など、色の濃いものが多い。イギリスのナッツケーキや種入りケーキの場合、材料をパウンドケーキの生地に散らすような感じで混ぜこむが、ドイツはナッツや種を小麦粉全部、あるい

シュトルーデルを作るドイツの台所。多色石版刷り。1870 年。

は一部とおきかえて、ケーキや詰め物の本体にする。

イギリスとならんで、ホームベーキングの習慣が深く根づいているのは北欧諸国とアメリカだ。北欧諸国の食文化では、自宅でのパン焼きやお菓子作りはとても大切にされている。20世紀まで、北欧諸国の人口の90パーセント以上は、あちらこちらにぽつぽつと点在する農村に暮らしていた。店などはめったになく、食べ物の大部分は自宅で用意しなければならなかった。女の子は年頃になるまでに7種類のケーキやクッキーを作れるようにしておく、というのが伝統だった。

北欧の菓子類は素朴で健康によいものが多く、使う種類こそ少ないけれども良質の材料を用いる。ケーキなどのお菓子を作るのが難しい土地柄のせいで、リッチでエキゾティックな風味を追求するよりも、工芸の要素が強くなった。家庭用の製菓道具には特徴的なものが多く（さまざまな種類のめん棒、いろいろな形をした焼き型、クッキー型、ケーキ型）、それらを巧みに使いこなしてすばらしいお菓子を作りだす。

コーヒーに菓子パンかケーキで午前中に一服するという北欧諸国の「コーヒーケーキ」の風習は、19世紀に中西部に移住したフィンランド人、スウェーデン人、ノルウェー人によってアメリカに伝えられた。その風習がほかのさまざまな移民集団――ユダヤ人、イタリア人、ドイツ人、イギリス人など――のお菓子作りの文化と混ざりあって、お菓子作りに徹底的にのめりこむ国ができあがったのである。

アメリカのケーキ作りの文化についてはのちにもふれるが、ここでは大事な点をひとつだけあげておこう。それこそ多種多様な、さまざまに異質な文化の影響を受けたことから、アメリカには地方色豊かなケーキがたくさん存在するが、広大な国土や、18世紀から19世紀をとおして地方の人々が孤立して生活していたことが、専門職ではない、家庭でのお菓子作りにきわめて強い社会的重要性を与えた――と考えられないだろうか。

◉世界のケーキ

「ヨーロッパ生まれ」のケーキは世界中に伝わった。それは植民地政策のせいで、考えられないほどの規模で広まっていった。南アフリカに花開いたケーキ文化に大きくかかわったのは、17世紀半ばから入植しはじめたオランダ人とドイツ人である。彼らはすぐにこの肥沃な土地が上質の小麦栽培に適していることに気づき、そこからお菓子作りの強固な伝統がはぐくまれた。

とりわけ目をひくのがワイン製造から生まれた、醗酵したブドウ汁でふくらませた小型の丸パン、モスボリキである（20世紀初頭に南アフリカで生まれたオランダ系移民の作家ローレンス・ヴァン・デル・ポストは、このパンが焼きあがった瞬間を回想して、「まるで近衛大隊の一団が軍旗分列行進をするときみたいに肩と肩をぴったりならべ、頭をアッティカ産蜂蜜のようにとろりとした褐色に輝かせながら、オーブンから出てくる」と書いた(7)）。

ラテンアメリカのケーキは、スペインとポルトガルの影響を強く受けた。なかでも有名なのが、ニカラグア、メキシコ、キューバ、プエルトリコ、グアテマラでよくみられるトレス・レチェ・ケーキ、すなわち3種のミルクのケーキだ。このしっとりしたスポンジケーキは、焼きあがったあとに、エバミルク、甘いコンデンスミルク、クリームという3種類のミルクをあわせたものに浸して作る。仕上げにバニラ風味のホイップクリームを上に塗る。

コンデンスミルクやエバミルクはラテンアメリカの食文化の一翼をになっており、コンデンスミルクを缶ごとあたためて作るキャラメルクリーム、ドゥルセ・デ・レチェは、よく使われる製菓材料だ（アルゼンチンを舞台にしたグレアム・グリーンの1973年刊の小説『名誉領事』の中で、ある登場人物は「毎日食べるクリームケーキと、ドゥルセ・デ・レチェをはさんだ甘い菓子アルファフォルのせいで、彼女はますますでっぷりと肥えてきていた」と描写されている）。

ヨーロッパ式ケーキがあまり浸透しなかった国もある。その理由のひとつには調理法が関係している。閉鎖式オーブンで焼くという調理法が一般的でない国は多い。たとえば中国の家庭にオーブンをそなえる伝統はない。中国の菓子は蒸して作るものが多いため、できあがりはひじょうに異なる（もち米粉、黒砂糖、ナツメヤシ、ゴマで作るもち菓子も典型例のひとつ。春節にかまどの神様に供える。かまどの神様はこの時期に家族の1年間の行状を天の大帝に報告に行くので、その心証をよくするためだ［春節にはかまどの神様に飴菓子の糖瓜などさまざまなものを供えるが、時代や地域によって種類は異なる］）。

アフリカの多くの地域でも、家庭でのお菓子作りの習慣はない。この地のケーキは路上で売られるものがほとんどである。たとえば西アフリカや中央アフリカのココナッツ・ビスケ

市場のロシア・ケーキ。ウクライナのリボフで。

ット、あるいはチンチン（甘い生地を小粒にカリッと仕上げたもの）、パフパフやマンダジ（それぞれナイジェリアやケニアでよく食べる揚げドーナツや揚げパン）などが、人々に親しまれている。

日本は中国と同じく、ヨーロッパと同じ種類の伝統菓子はなく、小豆をかためた羊羹、小豆餡を小麦粉、米粉、あるいはそば粉の生地でくるんだ饅頭など、小豆を主体としたものが多い。しかし第二次世界大戦後、日本は西洋式のケーキをどんどん取り入れるようになり、とくにふわっとした口どけのスポンジを生クリームと苺で飾ったケーキは、定番として根強い人気がある。(8)

◉名作ケーキの誕生

もし現代のケーキが世界各地でそれぞれに姿を変え、新たな役割を得ているとしたら、そこには無数の物語や象徴性が生まれてきただろう。ケーキは繰り返し人々の口の端にのぼり、レシピや起源についての伝説を生み、訴訟や諍いを引き起こしながら、名声を獲得していった。

有名なケーキは無数にある。ドボストルテ、ザッハートルテ、ブラックフォレストガト

1937 年のヒトラーの誕生祝賀会に用意されたケーキ

ー、ダンディーケーキ、ラミントン、エレクションケーキ、エンジェルフードケーキ、ニューオーリンズ・キングケーキ、モラヴィアン・シュガーケーキ、デヴィルズフードケーキ――と、名前をあげていったらきりがない。なかにはイギリスのトゥウェルフス・ケーキ［公現節、すなわちキリスト誕生から12日目の夜（十二夜）を祝うケーキ］のように、もはやすたれてしまったものもある。一方、ブラウニーや、ラテンアメリカのトレス・レチェ・ケーキなどは新しく登場した部類に入り、市販食品をもとに考えだされたレシピだ。

有名なケーキの歴史は事実より噂に

もとづいたものも多く、物語は地域の観光業に役立ち、ホテルやレストラン、店の名声を高めるために精緻化されていった。ほかの食べ物に比べると不釣り合いなほど、ケーキにはこの種の歴史がつむがれることが多いように思える。

なぜなのかを考えてみるのもおもしろい。たとえば、ケーキは持ち帰りができるため、お土産として売るのに適しているから。あるいは、食べ物としての機能がひとつに限定されていないから――午前中や午後のお茶とかコーヒーのおとも、デザート、ピクニックの一品、祝宴の目玉、贈り物にもなる。また、結局のところケーキが楽しみにすぎず、まったくなくてもかまわないぜいたく品であることも、その商品価値を高めてきたに違いない。理由がどうあれ、こうした伝説のケーキは「概念としてのケーキ」という重大な役割の大半をになってきた。

◉ザッハートルテと法廷闘争

レシピや起源をめぐっての長きにわたる争いほどケーキの名声を高めるものはない。その好例が7年間も法廷闘争を繰り広げた、オーストリアのザッハートルテだろう。

このケーキの出自に疑問の余地はない。1832年、オーストリアの宰相クレメンス・メ

1946年、ビキニ環礁の核実験成功を祝うケーキ

ッテルニヒの厨房で生まれたのである。ウィーン会議の立て役者としても有名なメッテルニヒは、まったく新しいデザート──それも当時の主流だった柔らかな「女性」らしいトルテではなく、もっと重厚で「男性」らしいケーキを作れと料理人に命じた。ところが料理長が病気になってしまい、ケーキを作る任務はまだ16歳の見習いにすぎないフランツ・ザッハーにまわった。

彼が完成させたのは堅牢なチョコレートケーキで、アプリコットジャムの独特の風味で甘さを演出し、全体をつややかな溶かしチョコレートで覆った。チョコレートケーキ自体はめずらしくなかったけれども、なめらかに輝く溶かしチョコレートが革新的だった。

このケーキの名声によって、ザッハーはハ

ンガリーの名門貴族エステルハージ・パール・アンタルの厨房に引き抜かれた。のちにウィーンに戻ったザッハーは、宮廷御用達の菓子店デーンに好条件の職を得た。その後ザッハーは自分自身の菓子店を開き、それを彼の息子がホテルに変え、やがて世界に名を知られるまでにした。

「オリジナルのザッハートルテ」を名のる権利をめぐる法廷闘争は、ホテル・ザッハーとデメル菓子店（店名をデーンから変更）のあいだで繰り広げられた。デメルでもザッハートルテを売り出したことから、第二次世界大戦が終わってまもなく、ザッハートルテという「ブランド」の絶対的権利を得るために、ホテル・ザッハーがデメルを訴えたのである。

法廷はアプリコットジャムの位置で裁判に決着をつけた。デメル側はケーキの表面のみにアプリコットジャムを塗り（仕上げのチョコレートのコーティング、「ショコラーデン・グラズール」をつややかに保つのに欠かせない）、ホテル側はさらにケーキを横半分に切って、ケーキのあいだにもジャムを塗る。もとのレシピについてさんざん争った末、裁判所はホテル側に軍配をあげたことになり、ホテル・ザッハーは今もそのレシピを守って、ケーキの上にその正統性を主張するチョコレートの丸いメダルをつけている。彼らのケーキのみが「ザッハートルテ」の称号を名のれるのだ。しかしデメル側も負けてはおらず、「元祖ザッハートルテ」と銘うって売り出しをはかった。

このレシピを翻案したどのケーキも、「ザッハー」という言葉をコーティングしたチョコレートにからめて使っている。敢然とした象徴、永遠の魅惑——それなくしてはどこにでもあるようなただのケーキであろうと、だ。(9) 本物のレシピと起源をめぐる同様の争いは、詩人のワーズワースやコールリッジが湖水地方に住んでいた時代から旅行客に売られてきたグラスミア・ジンジャーブレッドの名前も広めた。

◉ケーキと文学

さて、文学作品に登場したことで名声を獲得したケーキもある。アメリカ、とくに南部の州の銘菓とされるレディ・ボルチモア・ケーキは、1906年、人気作家オーウェン・ウィスターの小説に書かれたのをきっかけに有名になった。書名もそのものずばり、*Lady Baltimore*（『レディ・ボルチモア』）という。舞台はサウスカロライナ州のチャールストン。しかしこれは女性ではなくケーキの名前で、このケーキを軸に物語が展開する。主人公の青年は、小さな食堂で、ある青年がしどろもどろになりながら自分の結婚式用にケーキを注文するのを聞き、それを食べてみようと思いたつ。

「申しわけないけれども、一切れいただけませんか――レディ・ボルチモアを」ぼくはごく丁重に言った。……席にもどると、彼女がケーキを持ってきた。それがぼくのレディ・ボルチモアとの幸福なはじめての出会いだった。いや、まったく！　皆さんは食べたことがおありだろうか？　ほんとうに柔らかくて、何層にもなっていて、ナッツが入っていて――でも、もうこれ以上書けない。よだれが出てきた。うれしい驚きにぼくはふたたび声を出さずにはいられなかった。口いっぱいにほおばりながら、「でも、ああ、これはうまい！」

青年はケーキを食べに足しげく食堂へ通うようになり、そうこうするうちに、青年と店員の娘の人生が交錯してゆく。ウィスターのケーキの描写があまりにおいしそうだったため、読者はこぞって作り方を知りたがった。

ケーキ自体は小説に書かれる前からあったらしく、1889年のレディーズホームジャーナル誌の投書欄にも載っているが、人気に火をつけたのはウィスターの小説だった(10)。チャールストンで25年以上にわたってレディ・ボルチモア・ティールームを経営していたフローレンスとニーナ・オッテリンギは、毎年クリスマスに著者へお礼のケーキを送ったという。ふんわりと白く、ウェディングケーキに用いられることも多いレディ・ボルチモアは、メレンゲ様のセブンミニッツ・フロスティングを表面に塗っており、そこにきざんだナッツと果物の砂糖漬けを混ぜこんでいる。

もうひとつ、文学から生まれたケーキに、ドリー・バードン・ケーキがある。これは実際には存在していなかったケーキで、小説に触発されて作られた。名前の由来になったのは、チャールズ・ディケンズの『バーナビー・ラッジ』（1841年）に出てくる魅惑的で活発なお嬢さんである。彼女は読者の想像力をこのうえなくかきたて、奇抜で派手なもの——帽子、パラソル、紙人形、明るい水玉模様のドレス地、魚（和名をオショロコマというイワナの一種）、列車の緩急車《かんきゅうしゃ》［車掌室があり、手動の制動機などをそなえた車輛］、そしてケーキ——に彼女の名前がつけられるようになった。まあ、緩急車は別にして、どれもあざやかな色に水玉や花模様がついており、ドリー好みのドレスを思わせる。

ケーキを考案したのはアメリカの読者らしい。イギリスの伝統的なケーキよりもずっとアメリカらしい作り方で、軽くて大きく、ドリーのカラフルなドレスにちなみ、一層のケーキの表面に砂糖漬けのドライフルーツをまぶしてある。

近頃アメリカでは、人形にケーキで作ったドレスのスカートをはかせた、女の子用のバースデイケーキをドリー・バードン・ケーキと呼ぶようになった。名前が転用されたきっかけは、新しいケーキ型の開発だったようだ。小説世界の登場人物の衣裳にちなんだケーキが、

ドリー・バードン。リトグラフ。1872 年。

クリノリン・ペチコートでふくらませたドレスを着た女性のケーキ

最終的にドレスそのものになるとは、なんとも楽しいではないか。

◉ケーキと名前

ケーキに名前をつけるとき、記念の意味をこめることも多い。最初に作られた場所にちなんだもの――ダンディーケーキ、ブラックフォレストガトー（ドイツ語ではシュヴァルツヴァルダー・キルシュトルテ）、バンベリーケーキ。重要な社会的行事や儀式にからんだもの――エレクションケーキ、ニューオーリンズ・キングケーキ。また、とりわけ多いのは有名な人々の名前を冠したものだ――ナポレオン、パブロワ、ラミントン、ラデツキートルテ、バッテンベルク（英語ではバッテンバーグ）、サヴァラン、ヴィクトリア・サンドイッチ。

なかには、ひじょうにおもしろい歴史や役割を持つケーキもある。コネチカット州のいくつかの町が出自をめぐって論争しているエレクションケーキは、アメリカでいちばん古いケーキのひとつで、もとはアメリカ独立戦争以前にさかのぼる。イーストでふくらませた「特別なとき用のケーキ」であり、17世紀にイギリス人入植者によってもたらされた。

当初はマスターケーキと呼ばれ、年に一度の入隊記念日《マスター・デイ》に集まる農夫たちをもてなすために宿屋や家庭で焼かれた。彼らは入隊訓練を受けてから、その日の夜に大騒ぎするのが恒例

「ケーキのある静物」 1818年 油彩（板） アメリカの画家ラファエル・ピールの作品。20世紀以前、ケーキが静物画の題材になることはめったになかった。

だったのである。独立後は、毎年の選挙の投票日にこのケーキでお祝いをするようになった。おそらく人々はこうしたお祝いで、イースターやクリスマスの祝日がないことの埋め合わせをしていたのだろう。祝日の準備をしたりケーキを焼いたりみんなで集まったりすることはまったく宗教的でないとして、清教徒教会が禁じてしまったからである。

20世紀初頭になると投票日の重要性は失われてゆき、また、その行事にかこつけて、一夜の旅人に宿と食事を提供しなければならないからという口実をもうける必要もなくなった。化学的膨張剤の出現とともにイーストでふくらませるケーキも退場し、今日では歴史的興味の範疇でしかな

ラミントン

い。

ラミントンは、オーストラリアの総督の名前に由来するケーキである。小さな四角形のスポンジケーキ（プチフールのようにシートで焼き、それから小さく切る）をチョコレートに浸し、仕上げにココナッツをまぶす。1896年から1901年にかけてクイーンズランド州の総督だったラミントン卿の名前がついたといわれているが、諸説があって、彼の厨房で考えだされたとか（おそらく古くなったり焦げたりしたスポンジケーキを無駄にしないという実際的な理由で）、彼の妻だとか（家事が大好きだったらしい）、彼に贈られたフェルトの中折れ帽、ホンブルク帽がそのケーキによく似ていたからだともいう。しかし総督自身は自分と同じ名前なのをいやがり、「あのいまいましくてちゃらちゃらしてけばけばのビスケット」と罵っていたらしい。

理由ははっきりわからないが、ラミントンはオーストラリアとニュージーランドの名物になった。これまでに知られているもっとも古いレシピは1902年、週刊新聞クイーンズランダーに「一購読者」からよせられたものだ。資金集めのケーキ販売はしばしば「ラミントン募金活動」と呼ばれる――このケーキの高い評判ゆえか、もしくは多少なりともそれにあやかっているのだろう。

オーストラリアとニュージーランドにはイギリス文化が色濃く影響したため、アフタヌーンティーの習慣は大切に保たれ、それにともなってホームベーキングの文化も発達した。しかしこの数十年、オーストラリアがアジアのほうを向きはじめてからは、イギリス中心の文化は若い世代に無視されるようになってきたようだ。若い世代にとってこうしたケーキは古くさく、実際に食べて楽しむものというより、あっさりと視界から消えていく過去の遺物になってしまったのかもしれない。

第3章◉家庭で作るケーキの文化

◉ホームベーキングという理想――エリザベス朝時代

イギリスでホームベーキングの黄金期がはじまるのはエリザベス朝の時代である。大きな屋敷や荘園の家政管理は男性の執事から上流婦人たる主婦の手に移り、パンやビール、バターやチーズがたりているかどうかに気を配ること、肉や野菜を保存のために加工すること、ハーブを乾燥させること、果物を砂糖漬けにすることなどにも、一家の主婦が責任を持つようになった。

この時代、主婦は文化的関心の対象となった。1615年に *The English Huswife*（『イングランドの主婦』）を書いたジャーヴェス・マーカムは、主婦がそなえるべき美徳を次のように規定した。「主婦は……身体も衣類も清潔でなければならない。さとい目、よくきく鼻、完璧な味覚、かたむける耳を持っていなければならない。不器用であってはならず、甘いもの好きであってはならず、気弱であってはならない[1]」。この人物像は当時の職業料理人像とは正反対だ。彼らを表現するのに使われる一連の形容詞は、驚くほど今日と似かよっている――気が短く、口汚く、権威主義で、しかし超一流の腕を持つ。

厨房は彼の地獄であり、彼はそこに棲まう悪魔そのものである……彼は独裁的な力をふるい、主人のかわりに肉の焼き加減を決め、悪口雑言は彼の天職の別称にすぎぬ……その狡猾さはなみの代物ではない、なぜならば彼はペーストで世にも奇妙な構造物を創る。塔に城、あるいはペルシアのダレイオス陛下の宮殿のごとくであっても、ただ一度の宴席で消えうせる[2]。

17世紀から18世紀に入ってもホームベーキングは理想であり続け、やがて大きな屋敷でなくとも家に作りつけのオーブンをそなえるのがふつうになった。焼ける菓子の範囲も複雑さも飛躍的に高まり、あらゆる種類のスポンジビスケット［現在はレディフィンガーと呼ばれる細長い楕円形のビスケット］、マカロン、バンベリーケーキ［干しブドウや果物の皮の砂糖煮な

フランスの銅板画家アブラハム・ボスの「職業」シリーズの一作「菓子職人」（銅版画）1632～1635年

どを入れた卵形パイ」などのちょっとしたケーキ類、マーチパン（マジパン）、ジャンブル［ナッツなどを混ぜた、かための初期のクッキー］、ワッフル、チューダー朝や中世期のジンジャーブレッドや香辛料入りケーキなどが家庭で作られはじめた。

しかし菓子作り、とくに特別なとき用のケーキ作りは、依然として大変な作業だった。下した果物を洗い、乾かし、種を取りのぞき、砂糖漬けの果物の皮をきざむ。円錐形の大きな砂糖の塊を割り、細かく砕き、ふるいにかける。バターを洗い、卵を少なくとも1時間半泡立て、イーストは働けるように準備しなければならない。しかも、巨大なケーキを焦がしたり生焼けにしたりせずに薪のオーブンで焼きあげるのは、技術的にも至難のわざなのである。

この時代のイングランドでは、田園の邸宅《カントリーハウス》とその料理は他人の羨望をかきたてる文化的理想の役目をはたした。各家庭の料理は脈々と受け継がれ、主婦たちは代々の料理集を大事に保管し、娘や孫娘の代まで伝えていった（料理史家のフローレンス・ホワイトが１９３０年代に述べているところによると、彼女の一族には16世紀のエリザベス１世時代から伝わる「カントリーハウスの極上料理」のレシピ集があるという）。

◉フランスのケーキとイギリスのケーキはなぜ違うのか

しかしフランスの場合は決して同じではなく、18世紀末のフランス革命以前の田園地帯と都市の社会生活のあいだには越えがたい溝があった。フランスが希求するレシピは、宮廷に仕える偉大なシェフが創作する革新的で完璧な料理だった。イギリスの主婦はまったくのご婦人――ただし上流階級の――だ。同様の女性像をフランスで見つけるのは難しい。なぜならフランスの社会体系の仕組みはまったく異なり、貴族階級は規模においてもイギリスよりずっと大きく、価値観や実生活においても田園生活より宮廷を指向する文化だったからであ

フランスの銅板画家ニコラ・ド・ラルメサンの「仮装」シリーズの一作「菓子職人のシェフの衣装」(銅版画) 1695～1720 年

る。

ここでいえるのは、16世紀から18世紀のフランス上流階級の女性たちは台所仕事に手をそめたりしなかった、ということだ。料理はそれを職業とする男性の仕事だった。そしてフランスの料理人の世界でも、パティシエとふつうのシェフの仕事は区別されており、高度な技術を要する専門職とされた（さまざまな中世の文献でも菓子作りとパン作りの職業を分けている）。

イギリスとフランスのケーキの違いの多くは、ケーキが焼かれるときの状況が根本的に異なっているところから見えてくる。

何世紀にもわたって、フランスのケーキは専門家が生みなす洗練と完璧のきわみとして存在してきた。何を作るというきまりがあるわけではなく、華麗で、刹那を楽しむ美味だった。

一方、イギリスのケーキは家族のためのケーキであり、1週間に一度、特定の日に焼かれ、したがって質を保つことに重きがおかれた。単純な、しかも地元（初期のころの荘園では屋敷内）でとれる材料が好まれた。あまった食材を無駄にしないことも役割のひとつだったため、たくさんの卵を使うパウンドケーキは、卵がじゅうぶんにあるときにしか焼かれなかった。

◉イギリスのケーキ

18世紀後半から19世紀にかけてイングランドの都市化が進んだが、カントリーハウスのベーキングを理想とする風潮は揺らがなかった。パンであろうと焼き菓子であろうと、どんなものでも町で手に入るようになったとはいえ、家で焼くケーキにはずっしりと重い社会的威信がかかっていた。

有名なエリザ・アクトンとイザベラ・ビートンの料理書は、どちらもケーキのレシピに多くの章をさいており、さまざまなスポンジケーキやパウンドケーキを載せている（実際のアクトンはリッチなケーキを「甘い毒」と考えて好まなかったが、すばらしいケーキのレシピがなければ読者が満足しないことも承知していた）。彼女たちの料理書では、こういったケーキは一家の女主人ではなく、ほかの誰かによって焼かれることが前提だった。上品で豊かな、洗練された生活の概念が社会的な規模で広まり、19世紀の半ばには、台所仕事はもはや中流家庭の主婦が汗水たらしてするほどのものではない、と料理書も考えるようになっていたのである。それが甘い幻想にすぎないことは、典型的な中産階級の収入と使用人の賃金を

「台所の美女」ジェーン・クックによる 1860 年のペン画

比べた場合、賃金水準がもっとも高い料理人がいちばん割のいい仕事であることからもわかる。中流家庭の女性のほとんどはみずからの手を煩《わずら》わさなければならなかった。ビートン夫人たちの料理書が彼女たちに提供したのは、そんなみっともない労働を隠す手段だった。

アフタヌーンティーの習慣が確立した以上、ケーキは必要不可欠だ。18世紀に貴族階級がはじめたこの習慣は社会に浸透し、ほぼすべての中流家庭の女性たちのあいだに根をおろした。彼女たちにとって1週間に一度の「お茶会」は友人たちを招いてお茶とサンドイッチとケーキでもてなす日であり、社交の中心だった。この習慣は20世紀初頭の短いエドワード朝時代に頂点に達し、お茶会はひじょうに重要な社会活動になったため、女性たちはそのためにあつらえた、とっておきの服に着替えたものである。

その後、中流女性たちが気どった余暇を求める風潮は下火になり、興味が健康に移っていったこともあって、ぜいたくなケーキの人気も薄れた。ハイキングをする人々の軽食や、子どもたちのお茶の時間のおやつ（まずバターつきパンを何枚か食べたあとに出された）などに格下げされてしまい、もはや社交の中心的存在ではなくなった。

ケーキ作りは低所得者層に移行した。レシピを掲載するのは人気のある女性誌や料理用パンフレットに変わった。もっと高級な出版物がとうの昔に見切りをつけたあとも、こうした印刷物はケーキやビスケット作りを奨励し続けた。

第二次世界大戦中に食糧配給がはじまったとき、もうケーキが作れないじゃないかというのが最大の不満のひとつだったことは、注目すべき事実だろう。戦時下のフードライターたちは知恵をしぼり、卵のかわりにビネガーや重曹を使ったり、砂糖のかわりにニンジンやビートの根や粉ミルクを使ったりするなど、代用品をやりくりしてなんとかケーキが作れる方法をいろいろと考えた。別に本物のケーキのような味がしなくてもかまわなかったのである。ケーキっぽいものさえできれば――テーブルの真ん中にすえ、楽しいお茶の時間がまだ楽しめるのだと安心させてくれるものがありさえすれば。

そこである熱心なライターは、買い求めた小さな丸型スポンジケーキやティーケーキ（できれば切りやすいようにかたくなったもののほうがよい)を、6人から8人用の3種類のケーキに変身させる方法を指南した。慎重に薄い層に切り分け、三角形や星形にし、ピーナツバターと粉ミルクでさまざまに工夫した詰め物や糖衣で飾るのである。(3) この際、味など二の次だったのがよくわかる。

戦後になるとケーキを作る理由は薄れていって、食の見直し運動が起きた1970年代にわずかに復活し、全粒小麦粉のケーキ、オートケーキのスライス、キャロットケーキなどが、多くの町の素朴なヒッピー風カフェの定番になった。イギリスの都市や町で勤め人や買い物客がコーヒーとサンドイッチなどでお昼をすませたあと、ケーキでしめる現代の風習が根づいたのは、この時期からではないだろうか。

◉フランスのケーキ

革命後のフランスで起きたもっとも大きな食の変化は、レストランの発達である。革命前のブルボン朝時代に上流階級の厨房で働いていた一流シェフたちが、こぞってパリ周辺に店を開いたからだ。このため、家庭料理よりもプロの作った料理が大勢の人々に楽しまれるようになり、国としての料理の考え方に多大な影響を及ぼした。

フランス料理のアイデンティティを決定する人々の意識は、驚くほど長いあいだパリとその近郊にとどまっていた。首都にはその他の地域から毎日続々と食材が運びこまれてきたのだが――「地方は長きにわたってハムやソーセージ、チーズに魚といった形式で、首都の美食に敬意を表してきた」――フードライターにしろシェフにしろ、19世紀が終わるまで地方の食品に目を向けようとしなかった[4]。20世紀初頭に有給休暇や自動車旅行がさかんになりはじめると、パリジャンたちはようやく地方の食べ物に親しみ、その価値を見出すようになった。

それでもイギリスとは対照的に、重視されたのはやはり「市販の」食品だった。したがってケーキの場合、家庭で焼かれたものより店にならぶもののほう、ということになる。理想的な農家の生産者とされるのは技能を身につけた人、つまり家族を食べさせる主婦よりも、自分で果物を売る女性のほうだ。もちろんフランスの家庭でもケーキを焼いたが、菓子職人のうっとりするような品々に比べれば、ずっと簡単なものだった。デザートに出されるふつうの飾り気のない、クルミやチョコレート、アーモンドのケーキのたぐいである。

しかしこの10年、「ル・ケーク〔英訳するとザ・ケーキ。甘くない塩ケーキがとくに有名〕」の登場によって、フランスのホームベーキングに画期的な変化が起きている。フランスでケーキを有名にした料理研究家の主婦ソフィー・デュドメイヌは、イギリスでいえばデリア・ス

「小さなパン屋さん」*A Children's Book of Trades*（『子どもたちのお仕事の本』）より。1870 年。

ミス［人気の高い料理研究家で、ベストセラーの料理書も多い］にあたる。イギリス人がティーブレッド（ソフィーいわく「わたしたちの友アングロサクソン人の果物の砂糖漬け入りシンプルケーク」）に使うのと同じような、ベーキングパウダーでふくらませる単純な生地を用いる。たいていすごくおいしい。どんなものでも具材に応用でき――ハム、魚介類、チーズ、ハーブ、野菜、調理済みの肉類など――、焼きあがったものを小さく切って食前酒と一緒に出すことが多い。この種のケーキはスーパーマーケットでも売られているが、プロのパティシエの作品というよりも家庭料理の範疇に入るもので、フランスとケーキの従来の関係を一新する存在といえる(5)。

◉アメリカのケーキと開拓者魂――「大草原の小さな家」

メイフラワー号にのってジャーヴェス・マーカムの料理書 *The English Huswife*（『イングランドの主婦』）も一冊アメリカに渡ったといわれている。初期のアメリカのケーキ――第2章のエレクションケーキの項でふれたように――がイギリスのケーキから発展していったのはまちがいない。

北アメリカの文化ほどホームベーキングの概念を重要視している国はない。料理の序列の中でもケーキの地位は高く、とりわけ家庭と母親像の形成に強くかかわっている。

アメリカをホームベーキングの国にしたのは国土である。初期の入植者たちは、広大な原野にぽつんと存在する、孤立した質素な共同体で暮らした。また、19世紀に西部へ移動した開拓者たちは自力ですべてをなしとげなければならず、その土地で手に入るわずかな材料から家族全員の食事を作る才覚が必要だった。

開拓者一家に生まれたローラ・インガルス・ワイルダーが自分の子ども時代を綴った名著「小さな家」シリーズには、フロンティア生活のきびしさと楽しさがいきいきと描かれている。そのなかで食事は家族の主要な――そして最大の――関心ごとであり、楽しみというよりも生と死の問題だった。しかし、やはりケーキはなくならなかった。

意地悪なネリー・オルソンのパーティーに出た「真っ白なお砂糖がけ」のケーキ。ローラ自身のウェディングケーキ――ローラは腕がすっかりこわばるまで、深皿で卵白をいっしょうけんめい泡立てた。小さな姉妹がクリスマスの靴下の中で見つけた、白い砂糖と小麦粉でできたハート形のケーキ――見知らぬ遠い世界から来た洗練の品。開拓者生活ではめったに口にできなかったが、それでもなおケーキは、物語のもとになったインガルスの遠い日々を輝かせ、生活必需品を超える重要性を持つもの、甘いおいしさにすぎないけれども愛と絆を語る食べ物だった(6)。

1938年にアメリカで行なわれたケーキコンテスト

開拓者文化は今もアメリカのベーキングの姿勢に影響をおよぼしている。独創的であること、自分で作ることは、アメリカのケーキがひじょうに大事にしている点だ。レシピは自分なりの工夫をこらした個人のものであり、「メイベルの砂糖がけチョコレートローフケーキ」や「スー・エレンのパイナップルとペパーミントとピーチ入りディライト」などのように、くわしい名前がつく。秘密のレシピや隠し味もつきもので、デヴィルズフードケーキの特製レシピを誰にも教えないで墓まで持っていった親戚の話にもことかかない。

ピルズベリー社が後援する有名な全国ケーキコンテストで受賞した歴代のケーキには、開拓時代をしのばせる名前がついていたりする。「キャリーおばさんのボンボンケーキ」を作って第1回のケーキコンテストで第3位になり、賞金4000

ドルを獲得したカリフォルニア州のミセス・リチャード・W・スプレーグは「このレシピを教えてくれたすてきな南部女性は、初期のアリゾナ開拓者のひとりだったそうです」と述べている。また、その3年後、ワシントン州ワラワラ市のミセス・ヴァヴァ・M・ブラックバーンは「ゴールドラッシュケーキ」で賞金1000ドルを獲得した。1949年にはじまったこのコンテストは、アメリカ女性のお菓子作りの腕前を競う全国規模の大会だった。さまざまなパイ、クッキー、トレイベーク（大きな天板で一度に焼くお菓子）、ケーキなどが大金のかかった賞をめぐって競った。初期の第1位の賞金は5万ドル――1949年に優勝した「こねずに作れて水でふくらますナッツツィスト」に支払われる額としては驚異的というほかない。

アメリカのレシピの名前を見ていると、この国独特の料理文化がよくわかる。ふたつの点、つまり方法と起源に強いこだわりがあるのだ。簡単に、あるいはあっというまに、あるいはなんらかの変わった方法で作られるとすれば、それがレシピの名前につく。「ハリーアップ・ケーキ（すぐにできるケーキ）」「ハーフアワー・チョコレートケーキ（30分でできるチョコレートケーキ）」「ミステリーケーキ」というふうに（いずれもイルマ・ロンバウアーの古典的名著 *The Joy of Cooking*『料理の喜び』から）。現在とても人気のある「ダンプケー

おかあさんと一緒のケーキ作り。1950 年代のアメリカの料理書の表紙。

キ」は、材料（缶か箱に全部入っている）を焼き型に放《ダンプ》りこむだけでよいことから、その名前がついた。また、レシピを最初に考えた人がわかっていたり、アメリカの重要な歴史にかかわりがあったり、外国が起源であったりすれば、それもまた名前に冠される。

◉ケーキミックスの成功

アメリカのケーキがなによりも大事にするのは、大きさと軽い風味だ。レイヤーケーキ［ケーキを何層かにわけ、あいだにクリームなどをはさんだもの］は自国生まれだと考えられているが、実際はフランス、ドイツ、オーストリアのガトーやトルテでも層になったものは昔からよくあるし、ヴィクトリア・サンドイッチにしてもそうである。イギリスの場合と同様、アメリカのレイヤーケーキでも、土台のケーキと同じくらい、中に入れるフィリングと表面に塗るフロスティングが重要になる。いくつもの層を高く重ねてゆき、あいだにはさむフィリング（バタークリームを主にしたものが多い）がケーキの層と同じ厚さになることもめずらしくない。仕上げのフロスティングを全体に厚く塗るが、ときには2センチほどになったりもする。19世紀に生まれたアメリカの名菓エンゼルケーキは、卵白とベーキングパウダーで作るスポンジケーキで、卵黄もバターも使わないため、とても軽く、白く、ふわふわ

「ケーキとレモンと苺とグラス」油彩。1890 年。アメリカの画家ジョン・ピトーは実物と見分けがつかない静物画トロンプ・ルイユ（だまし絵）を描くことで有名だった。

の口どけである。

簡単に作れて創意工夫に富んでいること、家庭で作るケーキが重要視されていること、なによりも大きさと軽さが優先されることから、20世紀前半、アメリカの製菓業界は女性たちのケーキ作りに狙いをつけた。

最初のケーキミックスが売り出されたのは１９３０年代初頭である。ケーキを作るのに必要な材料はすべて含まれており、主婦は水を加えて混ぜるだけでよい。しかし、これはすぐには成功しなかった。というのは、アメリカ文化がケーキをどのようにとらえているかという、独特の価値感を読み違えていたからだ。ケーキとは、情緒そのものなのである。真っ先に思い浮かべられるのは、それが愛の結晶だということ——時間を費やし腕をみがき、母親が家族のために用意する甘さと楽しみ。あまりにパパッと簡単にできてしまうと、この愛の品をそこなうのではないか。

製粉会社ジェネラルミルズから相談を受けた心理学者のアーネスト・ディヒター博士は、卵粉《らんぷん》を材料から除いて主婦が自分で卵を加えるようにすれば問題は解決するのではないか、と考えた。この解決策は功を奏し（たぶん心の〝正しい〟ボタンを押したか、あるいは卵粉の味がまずすぎたせいだろう）、ケーキミックスは徐々に受け入れられ、1950年代からは止められない流れとなった。国民から「マミー」と呼ばれて愛されたアイゼンハワー大統領夫人でさえ、この画期的な製品を使うようにとホワイトハウスの料理スタッフに指示したほどである。

製菓業界は盛大に広告をうち、またジェームス・ビアードなどの有名なフードライターたちもキャンペーンに参加して、従来のやり方で焼くケーキに「一から（フロム・スクラッチ）」の言葉をあてるようになり、ケーキ本体を焼くのは下準備で退屈な部分、とアメリカの女性たちに信じこませるのに成功した。そのぶんの時間的余裕ができれば、フィリングやフロスティングやデコレーションなど、ほんとうに創造的な作業に集中できるではないか。「さて、ケーキを焼く作業の成功は、正確な材料とともに保証されています。あなたは自分のしるしとなるすばらしい装飾を考えながら、フロスティングであなたのケーキを輝かせることに専念すればよいのです(7)」。

郊外に住んで子どもの送り迎えにがんばるサッカーママたちの作品の画像など、無数のホームベーキング・ブログをのぞくと、今日もケーキミックスが生活に密着していることがわかり、一から作る「スクラッチケーキ」は、なんだか病気みたいな名前同様、遠慮するわという気分を暗にほのめかしているようにも思える［スクラッチにはひっかき傷やかき傷という意味もある］。この数年、アメリカで大きな人気を集めた料理書のひとつ、*Cake Doctor*（『ケーキ・ドクター』）シリーズは、ケーキミックスにいろいろな材料をアレンジして使い、独創的ですてきなケーキを作る方法を提案している。たんにケーキミックスを使わないという選択肢はもはや実行不可能のような気もするが、ケーキは「家で作るべき」という伝統は今も健在だ。

第4章◉ケーキと儀式、その象徴性

◉なぜケーキは丸いのか？

わたしたちには、ケーキは丸い、という共通認識がある。でも、なぜ？　なぜ時代や文化にかかわりなく、てっぺんが平らな円筒形のものをケーキと考えるのだろう？　そのほうがむらなく焼けるという実際的な理由があるにせよ（四角いケーキの四隅は乾きやすいし、焦げやすい）、ケーキの丸さには象徴的な意味もこめられているらしい。比較人類学や記述神話学によると、事実上あらゆる文化と時代に丸型ケーキの存在が認められている。そして、その多くが特定の宗教的な役割をになってきた。

千年以上にわたって、中国には中秋節のお祝いに月餅を食べる習慣がある。一族が集ま

現代中国の月餅

り、それぞれが小さな月餅の4分の1を食べ、酒をくみかわし、詩を吟じて、月を愛でる儀式だ。昔からこのお菓子は丸く、満月を思わせる意匠となっている。西洋の焼き菓子よりも濃厚な味わいで、薄皮に中身がぎっしりとくるんである。中身になるのはハムからツバメの巣、乾燥させた花とさまざまだが、伝統的にはハスの実や甘い小豆餡を用い、ときにはゆでた塩漬け卵の黄身を中に入れたりする。卵の黄身も、月餅そのものと同じく満月の象徴である。つまり、ひとつのお菓子をいくつもの象徴でいろどっているのだ。

月餅には大切にされてきた神話だけでなく、伝説もある。14世紀のモンゴル帝国支配への反乱にまつわる話が多い。大きな月餅に武器を隠したとか、あるいはずっと信憑性が高くなるが、月餅に密書をしのばせ、敵対する当局の疑いをまねくことなく情報を伝達したのだという。

◉季節と祭り　儀式と祝宴

丸いケーキは1年の季節のめぐりを祝う祭りと関係が深い。古代中国が収穫期の秋、まんまるの大きな中秋の名月を祝ったのなら、キリスト教伝播以前の異教時代のロシアは、春に太陽がふたたび輝きはじめたことに感謝して、太陽を模した丸いパンケーキを焼いた。

もともと、このマースレニツァの祭りは春分をことほぐものだったが、ロシア正教会によって、復活祭前の40日間の斎戒期（だいたい2月～3月ごろで日曜日を除く）にあたる四旬節に関連づけられた。14日間［現在は7日間］続く祭りの中心になるのは、丸くて黄色のパンケーキを焼くことである。毎日、違う親族と一緒に食べる習わしがあり――たとえば今日は娘婿と義理の母親、次の日は嫁と義理の姉妹といったように――、この祝祭の象徴的な食べ物はめぐりくる春を迎えるだけでなく、一族の絆を強めるためにも用いられた。

古代ケルトもまた、丸いケーキで季節を祝ったらしい。5月1日、夏の到来を歓迎して行なわれるベルターン祭にも、ケーキのからんだ儀式があったといわれる。ベルターンの火の端で焼かれたケーキには握りがいくつかついており、それごとに割って仲間で食べた。いちばん焦げた部分をひいた人が生贄の役をあてられ、火を3度飛び越えなければならなかった。また、大きく焼いたケーキを坂からころがすという儀式は、その道筋を太陽が天をわたるときの軌道にみたてたものだった。割れたケーキは坂の下で、みなで分けあって食べた(1)。

さて、それから時代がくだっても、やはりケーキは儀式に重用された。丸いという形に関係するものもあれば、切ったり割ったりしてみなでわかちあうことに重点がおかれたものもあった。もっとも複雑に象徴化されたケーキのひとつがトウェルフス・ケーキ、すなわち十二夜ケーキだろう。キングケーキとも呼ばれ、フランス語ではガレット・デ・ロワという。

中世ヨーロッパの時代、キリスト生誕から12日目にあたる1月6日の公現節の祭りは、だいたい似たような形式で祝われた。主役はそら豆を入れて焼いたケーキである(豆は幼子イエスをあらわしているといわれる)。豆が入っている部分のケーキにあたった人が、その夜の王様になった。祭りがもう少し精緻化してくると、道化などの廷臣の役をふられることもあったし、女王を決めるためにもうひとつ豆を入れたりもした。王が盃を口に運ぶときは必ず、みな口々に「王がお飲みになるぞ!」と叫びながらそれにならう。

この習わしはさまざまな文化で独自の発展をとげてゆき、そのうちのいくつかは現在まで残っている。ドイツやスイスのドライケーニヒスクーヘンは、花冠の形をした特製のパンで、一粒のアーモンドを隠す。リング状に焼いたスペインのロスコン・デ・レイエスは砂糖漬けのフルーツで飾り、ソルプレーサ（驚きの意）をしのばせる——そのコインか陶製の人形にあたった人には幸運がおとずれるという。

ポルトガルとメキシコにも同様のケーキがある。ポルトガルのボーロ・レイの場合、豆にあたった人が翌年のケーキを用意する。メキシコでは、人形をあてた人は2月2日の聖燭祭（聖母お潔めの日）にパーティーを開かねばならない。メキシコの風習はアメリカ南部のニューオーリンズのものとよく似ている。ニューオーリンズの有名なキングケーキ（ブリオッシュ様の生地で作り、金と緑と紫の砂糖衣をたっぷりかける）にはプラスティック製の赤ちゃんがひそませてあり、あたった人が翌年にパーティーを開く係になる。

とはいえ、この伝統が複雑に発展した代表例はフランスのガレット・デ・ロワをめぐるものだろう。こんがりときつね色に、ホタテの貝殻のような模様に焼きあげ、中にコクのあるアーモンドクリームを詰めたパイ菓子だ。フランスの伝統では、一家の子どもの誰かがテーブルの下に隠れ、切り分けたケーキを参加者の誰が食べるか好きな順番で決めてゆく。

こうした手のこんだ「立場の逆転」は、その起源となった古代ローマの饗宴サートゥルナーリアまでさかのぼることができる。そこでは奴隷が主人役にまわり、主人が給仕をつとめ、豆や硬貨を見つけるか、さいころをふるかして、宴の王様を決定した。

「豆の王様」ヤーコブ・ヨルダーンス　1655年　油彩（キャンヴァス）

◉酔いどれ騒ぎから静けさへ

17世紀になると、公現祭は画家が好んで描く題材となった。最初にこのテーマに取り組んだのは、フランドルのアントウェルペン（アントワープ）派の画家ヤーコブ・ヨルダーンスといわれる。彼の『豆の王様』（1655年）に描かれている人々は、祝杯をあげる王様に扮した老人をかこんで陽気な浮かれ騒ぎに興じている。それから百年以上たった1774年、ジャン＝バティスト・グルーズが『公現節（ガトー・デ・ロワ）』で描いたのは、平穏な幸福に満ちた家庭のひとこまで、農家の子どもたちが栄光の豆の入ったパ

「ガトー・デ・ロワ」ジャン・バティスト・グルーズ　1774年　油彩（キャンヴァス）

ンはどれかなと探す情景だった。

大人から子どもへ、酔いどれ騒ぎから静けさへと主題が変わったのは、宗教改革の嵐が吹き荒れていた当時のヨーロッパで、キリスト教以前の祭典に関係するかもしれないこの祝宴を行ない続ける不安が社会に広がっていたせいかもしれない。最終的にイギリスのトウェルフス・ケーキが消えたのも、祝宴の起源が異教にあるとみなされたからだった。消えたのはフルーツケーキ――イーストでふくらませた初期の様式のものである。

宗教改革後、教会は十二夜を宗教の祭祀に組みいれたのだが、17世紀後半にかぎりなく現世的な宴として息を吹きかえした。ケーキにさまざまなしるしを入れて焼くようになったのは、このころである。イギリスの海軍付き牧師のヘンリー・トゥーンジは１６７６年、海で開いた祝宴とトウェルフス・ケーキを次のように述べている。

われわれは船でおおいに盛りあがった。すばらしいケーキが作られたからだ。その中には王のそら豆、女王のえんどう豆、小姓のクローブのほか、寝とられ男にあてた二股の小枝、尻軽女にあてた襤褸《ぼろ》切れがしこまれていた。ケーキは艦長室で切り分けられ、すべてナプキンにくるまれたまま、全員がくじを引いて自分のぶんを取った。それから何が入っているか確かめるというわけだ。どれだけ笑ったことだろう、なにしろわれらが中尉どのがじつは寝とられ男だとわかるのだから。しかも誰かが誰かの上にころがるのを見て、笑いはとめどなく広がっていった。海は大しけだったのだ。(2)

時代が18世紀に移ると、こうしたしるしは紙に印刷された像に変わり、切りぬかれたものを帽子の中から選ぶようになった。19世紀には、製造業者は紙と漆喰で、製菓職人はアーモンドペーストとアイシングで像を作りはじめ、精巧にかたどられ、彩色をほどこされた像がケーキの表面に飾られて、見事な情景を描きだすこともめずらしくなかった。

「セント・アン・ヒルでのトウェルフス・ケーキの図」アイザック・クルークシャンク
手彩色銅版画［中央の人物はホイッグ党の自由主義者チャールズ・フォックス］

◉ケーキと風刺――ヴィクトリア朝時代

華やかな絵巻物のトウェルフス・ケーキがヴィクトリア朝時代の文化にしっかり根づいたせいで、たびたび当時の政治風刺画に用いられた。大衆紙ザ・ペニー・サタリストの1841年1月9日版の漫画の題は、「十二夜、あるいはケーキの小鬼たち」。国家にみたてたケーキを飾りの像がむさぼり食っており、それぞれの下にひねりのきいた注釈がついている。「外国人はがつがつ、ドイツ人はどしどし、ハノーヴァー家は半分わけ……国王はこっそり、弁護士はべろべろ」。

それから半世紀近くがすぎても素材の鮮度は失われておらず、1884年1月9日の風刺週刊誌ファンには、「100万人のための大トウェルフス・ケーキ　W・E・グラッドストン　菓子製造」という漫画が載った［グラッドストンは当時のイギリス首相］。その重さによろめきそうな菓子職人がかかえる巨大なトウェルフス・ケーキの上で、疲れた顔のグラッドストン・ライオンに腰かけているのは、イギリスの象徴たる女神ブリタニア。両端にはそれぞれ内政改革、選挙改革と書かれた旗がひるがえる。
しかし、このころにはもう、トウェルフス・ケーキ自体は姿を消していた。１８４０年代にヴィクトリア女王と夫君のアルバート公がイギリスに取り入れたクリスマスの新しい風習と儀式が、１８７０年代までに古い祭りを完全に消し去ってしまった。

◉クリスマスケーキの登場

トウェルフス・ケーキはクリスマスケーキにとってかわられた（沈黙させられたというい い方もある）——新たなケーキもアーモンドとロイヤルアイシングをふんだんに使った豪華なフルーツケーキだったが、もはやいにしえからの象徴的な像は抱いていなかった。

つまり、イギリスのクリスマスケーキは、イギリス人がこの季節に大事にしている多くの風習と同じく、さほど古いものではない。しかし、クリスマスを祝うのに欠かせない象徴として、確固たる地位を築いてきた。

19世紀と20世紀初頭、長持ちするフルーツケーキは、ほかのものと一緒にクリスマス用の食品籠の中に入れられて、イギリスから海の向こうの「コロニー」に住む親戚に送られたものだ。20世紀前半になると、意欲に燃える食料品店が、きらきら輝く砂糖漬けの果物とナッツをぎっしり詰めた、さまざまなフルーツケーキを売り出した。やがてそれは、遠方の友人や親戚に送る季節の贈答品として定着した。今日、「イギリス式」フルーツケーキの評判はかんばしいとはいえず、この決して腐らないケーキをネタに、コメディアンたちが笑いを誘っている。

トウェルフス・ケーキが分割と共有という行為を象徴しているのだとすれば、そのあとを引きついだケーキは非分割性を象徴しているのかもしれない。ロイヤル・アイシングが岩のようにかたまって切ろうにも切れない、という話にはことかかないのだ（菓子店ではこの不幸を回避するために、スプーン一杯のグリセリンを加える）。

アメリカ人にしてみれば、このフルーツケーキの問題点は、彼らが「ケーキ」といわれて思い浮かべるものの対角線上にあることだ。柔らかくて、大きくて、あっさりしていて、ふんわりしているものが「ケーキ」なら、かたくて、がっしりしていて、いったいどこまで日持ちするんだというケーキは、概念上の混乱を引き起こす。

また、現代の日本にも、クリスマスケーキの象徴性に関する興味深い例がある。日本のクリスマスケーキは軽くていたみやすく、苺やチョコレートを使うものが多い。そのため最近まで、25歳をすぎても結婚しない女性をケーキの賞味期限切れになぞらえ、「クリスマスケーキ」と呼んだ（時代の変化にともない、結婚適齢期の上限は31歳に引きあげられ、この無礼な言葉は日本が伝統的に12月31日に食べる「年越しそば」に変わっていった）。

◉ウェディングケーキ　その1——この不思議なもの

現代のケーキのうち、高度に儀式化されたのがウェディングケーキである。

文化人類学者のメアリー・ダグラスは「才能あふれる若き人類学者が火星から地球にやってきたとして」と仮定し、彼がウェディングケーキの入刀と分配にまつわるもろもろの儀式を目のあたりにしたら、たぶん日本の茶道の複雑な作法以上に仰天してしまい、「この式典のほんとうの目的は結婚にあるのかケーキにあるのか、わけがわからなくなるだろう」と述べた(3)。

ウェディングケーキの起源となった食べ物についてはさまざまな説があるが、花嫁の頭の上でパンを割る古代ローマの風習や、新婚夫婦の頭上に穀物をふりかける中世イギリスの風習とするものが多い。しかし、わたしたちが理解するところのウェディングケーキは18世紀の後半まで存在さえしておらず、付随する儀式や風習にいたっては、びっくりするほど最近になってできたものばかりなのである。(4)

中世以降、たしかにケーキは結婚の祝宴で出されてきたが、「ブライドケーキ（花嫁のケーキ）」として特別にあつらえたものではなかった。そう名づけられた最初のレシピが登場するのは、１７６９年に出版されたエリザベス・ラファルドの *The Experienced English Housekeeper*（『経験豊かなイギリスの家政婦』）だとされている。ぜいたくだけれども甘すぎない、砂糖漬けの果物の皮をふんだんに使ったフルーツケーキである。

18世紀後半から、とくに19世紀の料理書には多くのブライドケーキが載っているが、今のようなウェディングケーキを意味するレシピは見つかっていない。たんに大きな、ちょっとぜいたくに作ったフルーツケーキである。

現在のわたしたちが考える「伝統的な」ウェディングケーキは、まずアーモンドペーストを塗り、それから全体をかたくて白いロイヤル・アイシングで覆ったものだ。ほとんどの場合、やはり白のパイピングで表面に飾りを描く。ふつうは三段重ねで、段の円柱ごとに取りはずせる。たいていおごそかに別テーブルにすえられ、花嫁と花婿が一緒に入刀する。そして小さく切り分けられて、一部は祝宴で参加者たちが食べ、ほかは欠席した友人や関係者のために小箱におさめられる。ケーキの最上段は、最初の子どもの洗礼式用に保存される。

◉ウェディングケーキ　その2――大きく！　高く！

19世紀半ばまでのウェディングケーキは一段だった。1840年のヴィクトリア女王のものは「まったくもって巨大なフルーツケーキ」で、外周は2・7メートル、重さは136キロもあったが、やはり平らな一段でしかなかった。それを様変わりさせたのが1858年、彼女の娘、第一王女のためのウェディングケーキである。全国に読者のいる週刊新聞イラストレイテッド・ロンドン・ニュースに挿絵入りの記事が載ったせいで、このケーキは大衆の興味を強くかきたてた。

ほれぼれするほど装飾的なこのケーキの食べられる部分は、ごく一部。三段構造のケーキの高さは2・1メートルにおよんだが、ケーキで作られているのはいちばん下だけだった。上の二段は壮麗な建築物で――頂上に王冠を戴いたドーム、柱と台座、壁龕《へきがん》のある壁、彫刻に飾り版――すべてが砂糖でできていた。こうした砂糖工芸には超絶的な技術を要し、したがって値段も強烈に高く、その額は最富裕層にしかはらえない。それでも一般人だってすてきにそびえるケーキがほしいではないか。そこでケーキを順番に重ね、王室によっておすみつきを与えられた塔構造に似せることにしたのである。それをもっと高く優雅にするため、しだいに高い円柱を重ねるようになっていった。

エリザベス女王のウェディングケーキ。1947 年。

2段のブライドケーキ

「ブライドケーキ」という言葉が示すように、このケーキはある意味、花嫁のために存在するといってよい。

◉ウェディングケーキ　その3――つまりこれは何か？

ウェディングケーキに関する現代の説の中に、花嫁と花婿が手を取りあってケーキに入刀する儀式は、花嫁の処女膜を破るという大昔からの象徴だとするものがある。しかし実際のところ、ウェディングケーキの数々の決まりごとのうちでも、これをやりはじめたのは、ごく最近のほうに分類される。

19世紀の多くの資料が、お客のためにウェディングケーキを切り分けるのは新婦だけの仕事と考えている。この行為を来たるべき結婚生活の共同作業の象徴として、新郎が新婦と一緒におこなった証拠が見つかりはじめるのは、1930年代にすぎない。この新発想が生まれたほんとうの理由は、上段のケーキと塔構造を支えるためのアイシングがあまりにかたくて、とてもじゃないが簡単に切れなかったからだろう。

ウェディングケーキには、ふたつの基本的な役割がある。いずれも、結婚祝賀の席上で「分離される」存在であることに関係している。ひとつめは、別卓にすえられて出席者から

19世紀初頭、内輪の結婚式で花嫁だけがケーキを切り分ける光景をイメージした絵

見られることだ。優雅にそびえる姿はまるでおとぎ話から抜けだしてきたよう——夢にも似た、ありえない情景。つまり、ケーキ自体が「結婚の日」そのものがはらむ限界性を——この特別な日がもっと単調で平凡な過去と未来のはざまにあらわれた一瞬にすぎないことを、語っているのだ。

ふたつめは、かなり古くから与えられてきた役割である。ケーキは切り分けられて、配られる。新婚夫婦の幸運を出席者とわかちあい、出席者の優しい祈りを新婚夫婦とわかちあうために。たとえばパンを分けあって食べるという、あらゆる人間に共通する最古の食物儀礼のひとつに通じるものといえる。

現代の結婚式では複雑な新しい役割も生まれ、女の子がもらったケーキを枕の下に入れ

「花嫁の付き添い」ジョン・エヴァレット・ミレイ　1851 年　油彩（板）

て眠れば未来の夫の夢を見られるといった、占いにも使われるようになった。18世紀後半にもこうした占いが存在していて、結婚指輪にケーキのかけらをくぐらせてから、花嫁の未婚の友人たちにケーキを配った。

ラファエル前派を代表する画家ジョン・エヴァレット・ミレイが1851年に描いた『花嫁の付き添い』は、まさにその光景をとらえた、きわめて官能的な絵である。赤く燃えるような髪を画面いっぱいに波うたせながらケーキのかけらを指輪にくぐらす少女の表情には、抑えかねる憧れがありありと浮かんでいる。

最初の子どもの洗礼式のために最上段のケーキをとっておく習わしができたのは20世紀になってからだが、フルーツケーキは時間とともに腐るのではなく「成熟する」という事実から生まれた考えだ。

◉ウェディングケーキ　その４――ところ変われば

イギリスのウェディングケーキの伝統は北アメリカに強い影響を及ぼし、だいたい同じような形式に発展した。しかし異なる点もさまざまにあり、そのもっとも大きな違いは、アメリカでは伝統的に二種類のケーキ――花嫁用の白いケーキと花婿用の褐色のケーキ――を用

アメリカの女性参政運動の記念日を祝うためのケーキ。1916年。

意することだ。

褐色でありながら明るい――つまり褐色でぜいたくなケーキを白い砂糖衣で覆ったイギリスのケーキは、アメリカでふたつに分かれた。花婿のケーキは濃い色で（以前はフルーツケーキだったが、現在はチョコレートケーキが主流）、花嫁のケーキは軽く、白く、ふわふわしている。祝宴では花嫁のケーキを切り分けて食べ、花婿のケーキは持ち帰り用になる。

やはりイギリスの風習と菓子作りの影響を強く受けたオーストラリアでは、近年、プラスティック・ペーストアイシングで食べられる花々をあしらった、独特のウェディングケーキを作るようになった。雑誌や料理書、あるいは有名人の結婚式を介して、アメリカやオーストラリアのケーキはイギリスに影響を与え、今ではこうした軽く、色あざやかで華やかなケーキが、イギリスの結婚式にもよく登場する。

しかしたとえ外見が違ってきても、ひとつだけウェディングケーキで変わらずに残っていること――それは食べられるよりも見られるためのケーキの極致である、ということだ。

その本質がもっとも極端に発展した例がある。現代日本では西洋風の結婚式の流行にともない、蠟やゴムで精巧な飾りをほどこした、食べられないケーキが開発された。ポイントは宴席からは見えないところにある溝で、そこに花嫁と花婿が儀式用のナイフをさすと、写真が撮られる仕組みになっている。ときにはケーキにしこまれた装置から、ドラマティックな瞬間を演出するためにスモークが流れだす。

なんとも奇抜なケーキに思えるかもしれないが、第二次世界大戦時のイギリスでも似たようなことがあった。まったく同じ目的のため――結婚式のすてきな写真を撮るために、「アイシングした」厚紙のウェディングケーキを菓子職人が作ったのである。(5)

食べるためではなく、純粋に自分のためだけのケーキを所有する――それがもっとも重要になるときもある。(6)

20世紀半ばの子どもの誕生パーティーをイメージした絵

第5章 ◉ 文学とケーキ

ある冬の一日、家に帰った私がひどく寒がっているのを見て、母は、ふだん飲まない紅茶でも少し飲ませてもらっては、と言いだした。……母は、「プチット・マドレーヌ」と呼ばれるずんぐりしたお菓子、まるで帆立貝の筋のはいった貝殻で型をとったように見えるお菓子を一つ、持ってこさせた。……私は何気なく、お茶に浸してやわらかくなったひと切れのマドレーヌごと、ひと匙《さじ》の紅茶をすくって口に持っていった。ところが、お菓子のかけらの混じったそのひと口のお茶が口の裏にふれたとたんに、私は自分の内部で異常なことが進行しつつあるのに気づいて、びくっとした。素晴らしい快感、孤立した、原因不明の快感が、私のうちにはいりこんでいたのだ。……そのとき一気に、思い出があらわれた。この味、それは昔コンブレーで日曜の朝、レオニ叔母の部屋に行っておはようございますを言うと、叔母が紅茶か菩提樹《ぼだいじゅ》のお茶に浸してさし出してくれた小さなマドレーヌの味だった。

——マルセル・プルースト『失われた時を求めて』（1913–27年）［「第一篇 スワン家の方へ I」鈴木道彦訳。集英社。2006年］

文学作品に出てくるケーキというと、すぐに次のふたつが浮かんでくる。プルーストのマドレーヌと、ディケンズの『大いなる遺産』に登場するミス・ハヴィシャムのウェディングケーキだ。この代表的なふたつのケーキの描写に用いられる比喩を見ていけば、それぞれの国の文学的伝統におけるケーキのとらえ方について——そして、おそらくは食文化全般についても——知っておくべきことはすべてわかるといってもいい。

◉プルースト『失われた時を求めて』

プルーストの分身でもある語り手にとってマドレーヌとは、過ぎさった子ども時代を魔法のように出現させ、たちどころに過去を蘇らせてくれる大切なものだ。語り手は、愛らしいケーキの形状を細部にいたるまで生き生きと描いてみせる——「厳格で信心深いその襞《ひだ》の下の、むっちりと官能的な、あの菓子屋の店頭の小さな貝殻の形」。
しかし思い出を喚起する力を発揮するのは、その特徴的な外観ではない。語り手はマドレーヌを菓子屋の棚で何度も目にしているのだが、強烈な感覚と記憶の波に飲みこまれるのは、マドレーヌのかけらをライムティーに浸して味わうときだけである。

そもそも、マドレーヌにはもったいぶったところがまったくない——小さくて、軽やかで、どちらかといえば乾いている（どっぷりと浸さなくても、すぐに水気が浸透する）。華やかなデザートというよりは、おやつ。遊び相手にちょうどの女の子。あればうれしいといった程度の、ちょっとしたお楽しみ。むしろ、存在感に乏しいといってもいいほどだ。上品な香りをただよわせる半透明の液体に浸っているのは、ふわふわした小さなかけらなのだから。

語り手は、このケーキをがつがつ食べたのではない——紅茶に浮かんだかけらをそっとすすった。それを口に含んだとたんに、変容しはじめた記憶の波がおしよせる。噛んだり飲みこんだりしたわけではなく、空腹感や食欲とも関係がない。

ここではマドレーヌの存在そのもののはかなさが、何にもまして重要なのだ。ふだんは紅茶を飲まない語り手が、このときだけは自分の意思に反するように紅茶を口にしたという事実にも注目すべきだろう。彼は、「私ははじめ断ったが、それからなぜか、気が変わった」。

マドレーヌ

この体験に通底しているのは、はかなさという調べである。

◉ディケンズ『大いなる遺産』

これときわだった対比を見せるのが、時の流れを拒み続けるミス・ハヴィシャムのおそるべきウェディングケーキだろう。ナイフを入れてもらうことも味わってもらうこともないまま老いさらばえていくミス・ハヴィシャムを連想させる醜悪なシンボルは、いたずらに純潔を守り続け、何十年も前に整えられた祝宴のテーブルの中央に鎮座している。

一番目立ったのはテーブルクロスをかけた長いテーブルで、どうやら家と時計が停止した時には祝宴が行われようとしていたようだった。食卓中央には銀器のスタンドが置かれていた。それは蜘蛛の巣に覆われ、形がはっきりわからなくなっており、テーブルクロスから生え出した黒いキノコのように見えた。すっかり黄色くなったテーブルクロスを眺めていると、斑点のある足をした、しみだらけの蜘蛛が何匹か、あたかも彼らの世界の中で天下の一大事が起こったかのように、スタンドに駆け戻ったり、そこから駈け出てきたりした……。

ピップにウェディングケーキを見せるミス・ハヴィシャム。映画『大いなる遺産』（1946年）より。

「あれは何だと思う？」彼女はまた杖で指し示しながら尋ねた。「あの、蜘蛛の巣が張っている、あれよ」

「見当もつきません」

「大きなケーキ。ウェディング・ケーキよ。わたしの！」

〔『大いなる遺産』チャールズ・ディケンズ著／佐々木徹訳。河出書房新社。2011年〕

アイシングの白さよりも黴《かび》の黒さがめだつようになったそのケーキは、満たされなかった女の幸せ、抑圧された上流社会、伝統のむなしさといった概念がもろともに崩れかけているという、複合的なシンボルの役割をはたしている。実現することのなかった通過儀礼の象徴として、おそろしげな姿で闇にひそむケーキは、こそこそと這いまわる黒い虫たちの棲処となって内側から食い荒らされる。ミス・ハヴィシャムが、男性への復讐という毒々しい野心に蝕《むしば》まれているように。

ミス・ハヴィシャムのあのせりふ――「ウェディング・ケーキよ。わたしの！」――からは、ケーキを花嫁自身の肉体とみなしている感覚がうかがえる。花嫁によるケーキ入刀は、ディケンズが小説を書いていたころには、すでに結婚式後の祝宴で行なわれる儀式の一部になっていたようだ。これは花嫁の純潔を奪うという行為までは連想させないにしろ、結婚前の身分の放棄を暗示する。

ミス・ハヴィシャムのケーキには、当然ながらナイフが入っていない。彼女はケーキを自分の身代わりにするかわりに、自分がケーキの身代わりになる。ひどい火傷を負ったミス・ハヴィシャムは、黴だらけのケーキのかわりに、ぼろぼろになった自分の体を祝宴のテーブルに横たえて息を引きとるからだ。

◉「食べるケーキ」と「食べないケーキ」

ここには、ケーキの世界の両極端の例が示されている。記念碑的な、シンボルとして注目を集めるケーキと、あればうれしいといった程度のおやつとしてのケーキ。また、切って配ることが厳粛な儀式となる公的なケーキと、ひとつひとつが型に入れて焼かれ、数口で食べられるほど小さく、個人の楽しみだけを目的としたケーキ。いずれにしろ、ケーキは小説全体の象徴として重要な意味を持つ。

プルーストの大長編の中核をなすともいえる膨大な量の記憶は、マドレーヌを味わうという、あえかな、つかのまの体験をきっかけに息を吹きかえす。一方、『大いなる遺産』では、伝統と俗物主義の祭壇で生贄にされた女たちの人生が、朽ちていくウェディングケーキというゴシック小説ばりの奇怪な代物に封じこめられている。

さらに、このふたつのケーキは、イギリスとフランスの食文化の相違さえあらわしている。ヴィクトリア朝中期のイギリスでは、ウェディングケーキは、ブルジョア階級の社会的地位を示すシンボルとして定着したばかりの、商業時代の新しい風習だった。反対にマドレーヌのほうは、フランス北東部のコメルシーで誕生した地元の銘菓であり、フランスが郷土の食文化を守り続け、産業革命以前の味を20世紀にうまく伝えたことを実感させる。

だが、決定的な違いは、プルーストのマドレーヌが食べられるものであるのに対し、ディケンズのウェディングケーキはそうではない（少なくとも、食べるはずだった人間の口には入ってはいない）という点である。ふたつの文学作品がそれぞれの国の食べ物に対する姿勢

ショーウィンドウのケーキに見入る子どもたち。1950 年。

の違いを如実に示しているのは、この点だ。

つまり、フランス文学に出てくるケーキは何をおいても食べるためのものであり、快楽、豊饒、郷愁といった比喩で表現される。一方、イギリスの古典文学には、食べられないケーキや食べてはいけないケーキがあふれており、その味を夢中になって楽しむことができないもどかしさのせいで、読者は菓子店のショーウィンドウに物欲しげな様子で鼻を押しつける子どものような気持ちにさせられるのだ。

◉悦びと快楽

マドレーヌがあまりにも強烈な印象を与えるせいで、それ以外の描写は陰に隠れてしまいがちだ。しかし、プルーストはほかにもケーキについて書いている。

たとえば、たわいないお茶会の席で、語り手が愛しいジルベルトに給仕してもらう豪華なチョコレートケーキ。「にこやかで、親しげで、しかも堂々としたケーキの建造物」であり、「ニネヴェの都を彷彿《ほうふつ》させる」ケーキ。ジルベルトは語り手のために、「崩壊した建造物から、エナメルを塗ったように光る真っ赤な果物で仕切られた一区画、東方らしい味わいを持ったこの一角を、そっくり切り取ってくれるのだ(1)」。

はかなげなマドレーヌと違って、ジルベルトの建造物のケーキはドラマを具現化したものであり、その「東方らしい」形状からは異国情緒や性の営みが伝わってくる。手のこんだ造形といい、崩壊していくさまといい、これは悦びを味わうためのケーキである。そこには、大人たちの戯れ《プレイ》——巧みな軍隊の比喩でほのめかされる駆け引き《プレイ》と、お互いを食べさせるという官能的な営み《プレイ》の両方——の可能性が示されている。

とくに重要なのは、これが食されるケーキであるという点だ。ここでは、豪壮な建造物とは似ても似つかないジルベルトが、勝ち誇った様子でそれを打ち壊し、ただの食べ物にもどしてしまう。

その後の物語に登場するケーキは、語り手にとっての究極の食べ物、つまり、過去へもどるための手段となっている。友人たちとピクニックに行けば、サンドイッチを断ってケーキ——「砂糖でゴシック模様がつけられたチョコレートケーキか杏《あんず》のタルト」——だけを口にする。「というのも、チェシャー・チーズとサラダをはさんだサンドイッチのように、こちらのことをまるで知らない新しい食べ物に対して、私は何も語る言葉がなかったからだ。けれどもケーキはいろいろなことを知っているし、タルトはおしゃべりだった。前者にはよくなじんだクリームの味があり、後者には果物の新鮮な匂いがあって、それらはいずれもコンブレーについて、ジルベルトについて……たくさんのことを知っていた(2)」。

ケーキを生きたものとしてとらえるプルーストの感性は、第2章で引用した、ジャン＝ポール・サルトルがさまざまな国のケーキを国民になぞらえて綴った文章からも伝わってくる。つまり、固有の形をそなえた、実在としてのケーキに喜びを見いだす感受性がうかがえる。

フランス人の文章では、ケーキはおもに快楽の対象だ——思考と食欲の両方において。マルキ・ド・サドは、1778年にバスティーユ監獄の独房から妻へ宛てて書いた手紙で、自分のためにチョコレートケーキを注文してほしいと頼み、細かい条件を夢中になって綴っている。その要求は「チョコレートをかじったときと寸分たがわぬ風味がなければならない」。

◉フローベール『ボヴァリー夫人』

一方、コレットは、その著作の中で、風変わりなもの（腐ったバナナ、ライムの蕾、果樹の樹液、鉛筆の芯、チョーク、ゴム）を愛するゆがんだ嗜好によっていかがわしい欲望を表現しており、彼女の目録ではケーキは気まぐれな浮気女に分類されている。

コレットの小説の主人公であるクローディーヌは、中年になっても年相応の落ち着きとは無縁のままで、体型を気にしなければならないのはわかっていても、自分にはプラリネをの

せたクリームケーキを好きなように味わう権利があるのだといって譲らない。(3)
さらに、フローベールの『ボヴァリー夫人』には、ボヴァリー夫人がおおいに悔やむことになる結婚の祝宴の場面で、凝りに凝ったケーキが登場する。

パイやヌガーのためにはとくにイヴトーの町から本職の菓子屋を呼んで来るという念の入れ方だったが、彼は当地には初見参《はつけんざん》のこととて万事腕によりをかけ、デザートにはみずからたいそうなデコレーション・ケーキを運び込んで、一同に嘆声を発せしめた。まず土台は、青いボール紙の四角い箱が神殿をかたどり、まわりには回廊、列柱をめぐらし、化粧漆喰《しっくい》製の小像がそれぞれ金紙の星をちりばめた壁龕《へきがん》のなかにはいって立ち並んでいた。第二段には、鎧草《アンゼリカ》の茎の砂糖漬けやアーモンドや乾ぶどうやオレンジの四半分などを城壁に見立てた中央に、スポンジ・ケーキの天守閣がそびえている。最後に、頂上の平屋根は緑の草原で、岩あり湖水あり、湖水というのはジャムで、その上に榛《はしばみ》の実の殻でつくった船が浮かんでいる。野原にはまたかわいらしいキューピッドがチョコレートのぶらんこに乗っているのが見え、ぶらんこの二本の柱のてっぺんには、珠《たま》のかわりに本物の薔薇《ばら》のつぼみが二つついていた。(4)

簡素なタイプのピエスモンテ

このウェディングケーキは、宮廷菓子職人アントナン・カレームの壮麗なピエスモンテの田園風とでも呼ぶべきものであり、作中でさまざまな役割をはたしている。3層に分かれた形状には小説そのものの構造が反映されている。つまり、3部に分かれた小説の形式、3つの重要な祝宴、エンマの人生にあらわれる3人の男性、そして、3つの棺である。彫刻を配した建築物という大仰な形をしているものの、このウェディングケーキはジルベルトのチョコレートケーキと同じように、食べるためのものだ。

このケーキが登場するころには、田舎者の大盤振る舞いの祝宴は最高潮に達している——荷車置き場にしつらえられたテーブルにところせましとならぶのは、サーロイン、羊のもも肉、子豚の丸焼き、腸詰め、コニャックやりんご酒の入った飾り瓶、ゆらゆらする黄色いクリームが盛られたいくつもの大皿といったごちそうだ。招待客は一日中食べ続け、ときどき中座しては、また食べるために戻ってくる。

派手で大きなウェディングケーキは、田舎ならではの饗宴を盛りあげる手段のひとつであるにせよ、菓子職人の名手たちが作りだす荘厳なピエスモンテに近づこうとして、粗末な厚紙や金紙やジャムを使ったことが仇となり、しょせんは時代の先端を行く都会や宮殿のお祭り騒ぎの猿まねにすぎないという悲哀があった。そのみっともないほどの上昇志向や、飽くことを知らない貪欲さが、エンマが決定的な不満を抱く日がくることを予感させる。

◉ジェイン・オースティン『エマ』

フランス文学とイギリス文学におけるケーキの違いをより明確にするために、ここで別のウェディングケーキに目を向けてみよう。

ジェイン・オースティンの『エマ』（1815年）は、主人公の家庭教師だったミス・テイラーの結婚式で幕を開ける。エマ・ウッドハウスの父親は、この人のために「虚弱体質」

や「心配症」という言葉が考えられたに違いないと思うような人物なのだが、結婚式全般にあれこれと口をはさみ、ウェディングケーキについてはとくに気をもんでいる。

ミス・テイラーを取り戻すことなどもちろんできないが、ウッドハウス氏は彼女に同情するのをやめそうにない。でも二、三週間たつと、ウッドハウス氏の苦しみも、さすがに多少はやわらいできた。近所の人たちからお祝いの言葉をかけられることもなくなった。つまり、こんな悲しいことで「おめでとう」と言われて苦しめられることもなくなった。それに、大きな悩みの種だったウェディング・ケーキもすっかり平らげられた。彼の胃はこってりした食べ物には耐えられないし、ほかの人の胃も同じだと彼は確信している。自分の胃に悪いものは誰の胃にも悪いはずだ。だから彼は、ウェディング・ケーキなど作らないほうがいいと、必死にみんなを説得したが、説得に失敗すると、こんどは同じくらい必死になって、みんなにウェディング・ケーキを食べさせまいとした。(5)

ケーキが招待客の胃に悪影響を及ぼすのではないかと心配するミスター・ウッドハウスが、たまりかねて薬剤師のミスター・ペリーに相談すると、ミスター・ペリーは「(どうやら自分はケーキは嫌いではないようだが）、『たしかにウェディング・ケーキは、あまり食べ過ぎると体に良くないかもしれませんね。多くの人にとって、いや、ほとんどの人にとって』と答えざるをえなかった」。

こういう例にはめったにお目にかかれるものではない――ウェディングケーキが、エンマ・ボヴァリーのピエスモンテのような派手な見せ物や幻想を実現させるためのものではなく、社交生活における不安や消化不良をもたらすおそれのあるものとみなされているのだから。

だが、オースティンは得意のひねりをきかせて、議論の的となったケーキからささやかな喜びを救いだし、この章を茶目っ気たっぷりにしめくくっている。「そのころハイベリー村では、ペリー氏の子供たちがウェストン夫人のウェディング・ケーキをひと切れずつ持っていたという、奇妙な噂が流れた。だがウッドハウス氏はぜったいに信じようとはしなかった」。

●ギャスケル『女だけの町（クランフォード）』

19世紀のイギリスには、ほかにも、ケーキを食べてはいけないものとして描いた作家がいる。エリザベス・ギャスケルの『女だけの町（クランフォード）』（1853年）に登場する淑女たちは、切りつめた暮らしを強いられているせいで、ケーキを、上品で慎ましい生活信条には無用のぜいたく品とみなしている。帽子屋から成り上がったミス・ベティー・バーカーが、豪華なお茶会を開いて淑女たちのご機嫌をとろうとする場面では、語り手は、ミス・バーカーが用意したごちそうが暗黙のうちに非難されているものと考える。

お盆には食べ物がどっさりのっていて――お腹のすいていた私は大喜びでしたが、同席のご婦人方はこんなに出すのは下品だと思ったかもしれません。自分の家だったらきっとそう思ったことでしょう。ところがどうしたわけか、どっさり出た食べ物は皆なくなってしまいました。私はジェイミソンの奥様がシード・ケーキを、ゆっくりと遠慮がちに（奥様は何をする時もそうなのです）食べているのを見て驚いてしまいました。というのは、このまえ奥様がパーティをお開きになった時に、私は自分の家では絶対食べません、匂い入りのせっけんみたいな気がするので、とおっしゃっておられたからなのです。奥様はいつでもサヴォイ・ビスケットを出して下さいました。でも今日は、ミス・バーカーが上流社会のしきたりを知らないのを、こころよくお許しになって、相手の顔を立ててやらなくてはと思《おぼ》し召したのか、シード・ケーキの大きいのを三つもお召し上

がりになりました。その時の穏やかな、ゆっくりもぐもぐやっている顔つきは、何となく牛に似ていました。(6)

ケーキはお金のかかるぜいたく品なので、クランフォードの淑女たちは、自分たちの体面を保つための奇妙な慣例にのっとって、これは社交の場においては好ましいことではないとそれとなく宣言する。したがって、ミス・バーカーの大盤振る舞いは、クランフォードの社交界に手放しで受け入れてもらうどころか、部外者という立場を印象づける結果しかもたらさない。しかし淑女たちはケーキを口に運びながら、ここでは礼儀が重んじられるのだからミス・バーカーを公然とのけ者にすることはできないと自分に言い聞かせている。ところが、語り手のメアリー・スミスは自分も大都会からやってきた部外者であり、どっちつかずの立場にいるために、零落の一途をたどる奥方たちの暮らしぶりを茶化したり哀れんだりしながら眺めている。

彼女を通じて明らかにされるのは、ケーキが淑女たちのわびしい食卓に大きな喜びをもたらしているという事実だ。「上流階級のしきたり」の番人であるミセス・ジェイミソンと、ケーキをもぐもぐやっているときの牛を思わせる表情の対比のおかしさが、皮肉にも、淑女の本音と建て前をきわだたせてしまっている。

社交界での地位向上と偽善の中心になっているにもかかわらず、ミス・バーカーのケーキはたしかに喜びをもたらしているのだが、それはストレートに表現されるわけではなく、せっけんみたいな味などと評される。こうした心理的な屈折は、イギリス文学のケーキの扱い方の典型例といえる。明らかな例外は（おそらくは、ミセス・ウェストンのウェディングケーキを食べた子どもたちの喜びが示しているように）、子どもや子ども時代について書かれた本にあるだろう。

◉ルイス・キャロル『不思議の国のアリス』

ルイス・キャロルのアリス物語にはたくさんのケーキが登場する。ケーキは、不思議の国に迷いこんだアリスがはじめて口にする食べ物だ——「……なかに小さな、小さなケーキが一つ入っていました。そのケーキには小粒の乾ぶどうの文字が、「わたしを食べて」ときれいに並んでいました」［『不思議の国のアリス』石川澄子訳。東京図書。1980年］。アリスが冒険の途中で目にしたり耳にしたりする食べ物（ローストミート、すっぽんスープ、えび、オイスター）の多くがそうであるように、ケーキはヴィクトリア朝時代の子どもには禁じられていた（少なくとも、きびしく制限されていた）。つまり、ファンタジーの世界に近いと

干しぶどうのケーキを前にしたライオンとユニコーン。ジョン・テニエル挿絵、ルイス・キャロル作『鏡の国のアリス』（1872 年）より。当時の読者には風刺の意味は明らかだった。老いたライオンは自由党の政治家グラッドストン、めかしこんだユニコーンは保守党の政治家ディズレーリを思わせる――となると、ふたりが取りあっているケーキは国家を意味することになる。

ころに存在する食べ物ということになる。

後年のさまざまな児童書と同じく、この作品に出てくるファンタジーの多くは、食べきれないほどの風変わりな食べ物である（大勢の評論家が示唆してきたように、児童文学に出てくる食べ物は、大人にとってのセックスと同じ意味を持っている）。ただし、筋のとおらないことが次々と起こるアリスの物語には、食欲をそそる山のようなごちそうをめったに口にできないという矛盾も存在する。ほとんどはアリスの鼻先からかすめ取られてしまう――仲介者がいても食べてもいい食べ物には分類されない、という理由をあげられる場合もある（マトンの肢を切ろうとしたアリスは、「一度紹介してもらった相手を切るなどとエティケットに反しますよ」〔『鏡の国のアリス』高山宏訳。東京図書。１９８０年〕といわれてしまうのだ）。

唯一の例外として目をひくのが、この小さなケーキ――主体性と呼べるものがあるように思えるのだが（「わたしを食べて」）、積極的に食べてもらいたがっている。「わたしを飲んで」〔『不思議の国のアリス』〕と書かれたびんの中身を飲んで縮んでしまったアリスは、ケーキにはそれとは逆の効き目があるのではないかと予想するのだが、はじめは何も起こらない。

ちょっぴり食べてみて、「どっちかしら。どっちかしら」とアリスは心配そうにひとりごとをいいながら、大きくなっているだろうか、小さくなっているだろうかと頭の上に手をやってみました。ところが驚いたことに、ちっとも変わっていません。なるほど、これは誰がケーキを食べても普通はそうなのです。でも、アリスはおかしなことが起こることばかりあてにするようになっていたので、ものごとがあたり前に進んで行くのは退屈で、つまらないような気がしたのです。

プレジャー・アイランドでケーキを食べようとする怠け者の子ども。ウォルト・ディズニーの映画『ピノキオ』（1940年）より。

思ったとおり、まもなくケーキのせいで身体の大きさは変わってゆき、アリスはぐんぐんのびはじめた。ケーキが魔法の薬であることはまちがいない——次にケーキを目にしたときのアリスは（白兎の家の中で巨大な体になって身動きがとれずにいると、窓から降ってきた小石がケーキに変わる）、これを食べれば体の大きさが変わるはず、「もし、このケーキを一つ食べたら、わたしの大きさがきっと変わる」と即座に確信する。

アリスの体を伸び縮みさせるケーキ以外の食べ物が、飲み物と（魔法の）きのこだけというのがおもしろい。どうやらケーキは、陶酔をもたらし、心に——肉体にも——変化をもたらす薬物に分類されているらしい。つまり、喜びをもたらすが取り扱いは慎重に、ということだ。

◉マンスフィールド『園遊会』

キャサリン・マンスフィールドの作品でも、ケーキは子ども時代を連想させるものとして描かれている。マンスフィールドの短編に繰り返し登場するケーキには、好きなものに夢中になる子どもの姿が象徴されているが、それは、ためらいながら大人への階段を上ろうとしている少女たちに置き去りにされる運命を背負っている。

『若い娘』（1922年）では、世慣れた大人のふりをしようとして必死になっていた17歳の少女が、高級ホテルでケーキが出された瞬間、すべてを忘れて無邪気な喜びをおぼえる光景が切りとられている。「盆の上には、小さな気まぐれ、小さな即興、小さな溶ける夢を幾重にも積んだ菓子(7)」。

『園遊会』（1922年）のケーキの役目も同じだが、この短編の主題は、貧しい隣人の事故死を知った裕福な一家はガーデン・パーティーを中止するべきか、という道徳上の疑問である。主人公のローラは端境期の少女であり、偽善や冷笑的な態度を身につけた大人でもな

ピクニックのおともにはケーキをどうぞ。1920 年代の広告より。

く、感じたままにすなおに反応する子どもでもない。そんな時期のローラと姉のジョーズは、ゴッドバーの店から届けられた山盛りのクリームパフ［シュークリームのこと］を目にする。

もちろん、ローラとジョーズは、もう大きくなっているので、こういうものを、心からほしいと思うことはなかった。それにしてもやっぱり、クリームパフがとてもおいしそうにみえることはみとめないわけにはいかなかった。とてもおいしそう。料理番はその形をととのえて、それにおまけの砂糖をふりかけた……。

「お嬢さま、一つずつ召しあがれ」と料理番はきげんよく言って、「お母さまにはわかりませんよ」

まあ、そんなことできやしない。朝ご飯のすぐあとにクリームパフを食べるなんて。そう考えただけでもこわくて身ぶるいがするくらい。それでも、二分後にはジョーズとローラは指をなめていた。泡だたせたクリームを食べるときにだけする、あのうっとりと心をうばわれている表情で。[8]

クリームパフを食べると――食べたいという衝動にすなおにしたがってみると――ローラ

は不意に、子ども時代の道徳心にあふれた心を取り戻す。だが、物語の終わりには、残り物のサンドイッチとケーキを遺族のもとへ持っていくという慈善家夫人の役回りをすることによって、道徳観が欠如した上流階級の担い手としての洗礼を受け、相手を心から思いやる無垢の力を失うのである。

ここでは、ケーキにふたとおりの視線が注がれている。ひとつは、ブルジョア階級の頽廃的な消費主義を示唆するぜいたくなお楽しみとしてのケーキであり、無責任な母親が気まぐれに買った大量の百合の花もこれに含まれる。そして、つかのまの楽しみであるからこそ、純真だった昔を思い起こさせるという点では（「クリームパフはひとにパーティーのことを思い出させるのじゃないかしら？」とローラ）、子ども時代の最後の輝きが象徴されているともいえるのだ。

◉北米の文学とケーキ

フランスのケーキが快楽の象徴であり、イギリスのケーキが子ども時代を除いて拒絶の象徴だとすれば、北アメリカ文学のケーキは作る過程に重点がおかれている。本を開けば、ケーキを焼く場面にしょっちゅう出くわす。

バースデイケーキを食べるドイツの少女たち。1930 年代の絵はがきより。

ジュリアン・ムーア演じる1950年代の主婦が、夫のバースデイケーキを披露する場面。映画『めぐりあう時間たち』（2002年）より。

ルイーザ・メイ・オルコットの『昔気質の一少女』（1870年）に登場するトム・ショーは、大学を放校処分になって暇をもてあましていたある日、ついうっかりと台所に足を踏み入れてしまう。そこでは姉の友人のポリーが妹にケーキの焼き方を教えていた。神聖な女の園に立ち入ることを許されたトムは、ケーキの生地を混ぜるようにうながされ、「糸巻竿《ざお》を持てるハーキュリーズといった格好で」［ハーキュリーズはヘーラクレースの英語読み］粉を混ぜながら、自分の仕事は「古典的ではないにしろ楽しいもの」だと考える。[9]

田舎育ちの純朴な――表題の昔気質の少女――ポリーは、裕福なショー家に出入りする都会育ちの洗練された少女たちとは、何かと対照的だ。ケーキ作りの腕前と、台所をあたたかな居心地のよい空間にしたことで、トムはポリーこそ自分が求めていた理想の妻だと悟り、物語はトムの願いどおりの結末を迎える。

◉モンゴメリ『赤毛のアン』『アンの幸福』

カナダ人作家L・M・モンゴメリの『赤毛のアン』シリーズ（1908年より）では、ケーキを焼くという行為が、アヴォンリーの村人たちの日々の生活や、情熱的で空想好きな孤児のアンが周囲に溶けこもうと努力を重ねる場面で、再三にわたって重要な役割をはたしている。

『赤毛のアン』の第1章では、マリラ・クスバートの家をのぞいた近所の住人が、お茶の支度がしてあるから来客があるようだと考えるが、お皿もふだん使っているものだし、野生りんごの砂糖漬け、たった一種類のケーキから判断して、彼女は「特別たいせつな客というわけでもないらしい」と推測する。[10]「アン」シリーズに出てくるケーキは、社交上の人間関係を描くのに不可欠な役割をになっており、登場人物の立場がわかるように、品数、手間のかかり具合、豪華さの点で慎重な格付けがなされている。

『赤毛のアン』の後半には、アンが、新任の牧師夫妻を歓迎するためにケーキを焼きたいと志願する場面がある。晴れの舞台を重荷に感じるアンは、親友のダイアナに胸のうちを打ち明ける。

「……牧師さんの家族をお茶によぶってたいへんなものね。こんなことはじめてだわ……ゼリーが二種類、赤と黄色とね……それにクッキーが三いろに、果物入りのケーキ。それとマリラのお得意の黄色いプラムの砂糖漬け。これはマリラが特別に牧師さんがたのために、しまっておくごちそうなのよ。それからパウンド・ケーキとレイヤー・ケーキと、さっき言ったビスケットね……あたし、レイヤー・ケーキのことを考えると体が冷たくなってしまうわ。おおダイアナ、もしうまくできなかったら、どうしようかしら、ゆうべ、大きなレイヤー・ケーキの頭をしたおそろしい鬼に追いかけまわされた夢を見たのよ[11]」

アンのケーキは見事にふくらんでくれたのだが――「黄金《こがね》の泡のようにふんわり軽くできあがって窯からあらわれた」――誇らしい気分は長くは続かない。「アラン夫人はぱっくり口にいれた。とたんになんとも言えない妙な表情がさっとうかんだ。しかし一言も言わずにせっせと食べつづけた」。アンは、風邪をひいていたせいで鼻がきかず、バニラのかわりに痛みどめの塗り薬を香りづけに使ってしまったのである。

その取り違えとアンが恥じ入る様子が笑いを誘うとはいえ、女の子も11歳ともなればケーキを上手に焼けるようになっていなければならないこと、本人の能力に応じて世間の評判が決まってしまうことが、揺るぎない前提として示されている（もうひとつの「孤児」物語の名作、エリナー・ポーターの『少女ポリアンナ』では、主人公のポリアンナは婦人会の女性たちに料理を習う。といっても、パンの正しい焼き方については女性たちの意見が一致しなかったので、料理の授業はケーキの焼き方からはじまった――チョコレート・ファッジとイチジクのケーキを習ったところで、ポリアンナは厳格な叔母に引き取られることになる[12]）。

アンの物語はその後も長く続き（1908～1939年に10作品が執筆された）、ケーキはシリーズを通じて、社会的地位のバロメーター、複雑な人間関係の媒介物として機能する。

『アンの幸福』には、アンの下宿先の家主である、愁いに沈んだ優しい未亡人のチャティおばさんが、「セーラさんが持っているパウンド・ケーキの分量書きを手に入れたいのだけれど」といってため息をつく場面がある。「あの人は何度も約束はするけれど、ちっとも貸してくれないのですよ。それは古くから英国の家につたわる作り方でしてね。あの人たちは自分のところの分量をなかなか人におしえないのですよ[13]」。また、アンは婚約者のギルバートに宛てた手紙に、「奔放な、とりとめもない空想の中であたしはチャティおばさんの前にひざまずいて分量書きを渡すようにとミス・セーラーに要求したり、……」と書いている。第4章で論じてきたように、秘密のレシピというのは、北アメリカの食文化でとくに目につく概念だ。そのレシピがイギリスの一族で代々受け継がれてきたという認識は、初期の入植者としての地位に箔をつけることになる。つまり、アンには、レシピを教えまいとする態度が社会的ないじめの行為であることがわかっているわけだ。

◉ウェルティ『デルタの結婚式』

北アメリカの文学には、ケーキをきっかけに何かが変容していく小説もある。ユードラ・ウェルティの『デルタの結婚式』（1945年。あまりにも多くのケーキが登場するので、ケーキそのものが南部女性の流儀を知るための入門書といってもいいほどだ）の舞台となるミシシッピ州デルタの農園に、9歳のいとこのローラがやって来る。娘の結婚式に追われるそこの一家は、騒々しい大家族。到着した晩、次々とあらわれる不可解な親戚たちの毒気にあてられてぼんやりしているローラに、おばのエレンがケーキ作りを手伝ってちょうだいと声をかける。

このケーキ作りをする場面がすごい［邦訳は中央公論社『世界の文学51』所収。丸谷才一訳。

1967年」。エレンは夫の家の大おば、マシュラから伝わる一家の古いレシピでケーキを作りながら、さまざまなことに思いをめぐらせる。間近に迫った娘の結婚式や、義理の弟の家庭を襲った不幸の心配に半ば心を奪われたまま、卵の白身を泡立て、バターと砂糖でクリームを作り、ローラにはアーモンドペーストの作り方を教え、アフリカ系アメリカ人のメイドであるロクシーにはココナッツをすりつぶすように命じる。

この場面はひじょうに豊かだ——南部女性の力強い母系の絆が脈うち、台所の所有権や指揮権をめぐって軽口をたたきあうエレンとロクシーの姿からは、黒人女性と白人女性の厄介で複雑な関係が浮かびあがってくる。さらに、伝統を受け継ぐにあたってのケーキの重要性も。ここで大きな意味を持つのが、読者も一緒にケーキを焼きあげることができそうなほど、作業の手順がくわしく描かれている点だ。

レシピの交換には女性をコミュニティに根づかせる力があり、また、その過程で読者と作家もひとつにむすばれていく(14)。

第6章 ◉ ポストモダンのケーキ

1990年代、時代遅れのおばあちゃんとしてずっと相手にされなかったケーキが、あっと驚く大変身をとげて「ジャジャーン！」と登場した。カップケーキである。

それまでは子どものお菓子作りの教材か、バースデイパーティーの一品にしかならなかったのに、カップケーキはとつぜん流行の最先端になった[1]。大手の仕出し屋がカクテルの付け合わせのメニューに載せ、おしゃれな結婚式では古くさい退屈なケーキのかわりにデコレーションしたカップケーキを山と積みあげ、ニューヨークの有名店には長い行列がならんだ。

どうしてこういう事態になったのか？　この狂騒劇の火つけ役になったのはニューヨークの小さな昔風の店、マグノリア・ベーカリーだといわれるが、実をいえば、この物語は1980年代にはじまる。

クモのカップケーキ

◉カップケーキ　その1——マーサ・スチュアート

この時期、アメリカとイギリスの両方で、昔ながらのお菓子作りがふたたびはやりはじめた。仕掛け人はほぼ確実にマーサ・スチュアートである。彼女は１９８２年に出版した*Entertaining*（『エンターテイニング』）でいちやく有名人になった。

この本は料理のレシピやパーティー・プランだけでなく、室内装飾への助言やライフスタイルについてのおしゃべりで構成されており、美しく装ったマーサが、精魂かたむけて修復した19世紀の農家で、この家のために「調達した」骨董品にかこまれている写真が数多く載っている。この本を皮切りに、彼女は雑誌、本、テレビショー、ウェブサイト、あらゆる種類の商品からなる複合王国を築きあげた。

細心の注意をはらって、のんびりした古きよきアメリカ風の上品さを演出する彼女の世界には、細部への注意がことこまかにつけ加えられており、まねるべきポイントはここだと読者の注意をうながす。手間のかかることは何ひとつない——本物の18世紀の食材、テーブルセッティング、照明で40人の宴席の準備を整えることも——ハロウィーンのために自宅を味のあるゴシック装飾の館に変え、モスリンの幽霊や、不気味な空き部屋や、数百個のくりぬいたカボチャで飾ることも——自分のために3段のウェディングケーキを焼くことも。あまりの完璧主義に笑ってしまいそうになるのだが、スチュワートは巧妙に階級の幻を見せることで、家庭の領域を価値ある何かに、すなわち教育のある中流女性が自尊心を保てるものに変容させることに成功した。

ケーキについていえば、お菓子作りとその歴史を重く受けとめ、ケーキミックス文化を完全否定した。マーサは人気のケーキミックス「ベティクロッカー」でレイヤーケーキを作ったりはしない。オランダで「それはすてきな」手彫りの焼き型を探しだし、それ用の本物のレシピを見つけ、クッキーをならべて大勢の隣人を招き、芸術をテーマにしたパーティーを開く。

1960年代と1970年代にイギリスで人気を博したエリザベス・デイヴィッドと同じく、マーサは彼女の信奉者にきびしい課題をつきつける——それにしたがって生活することはほとんど不可能な理想、をだ。インサイダー取引で収監された最近の事件でも彼女の威光は衰えないらしく、その回復力は彼女の名前を冠したテフロン加工の調理器具を思わせる。

マーサのケーキはヨーロッパ式で——ブッシュ・ド・ノエル（丸太の形に作ったコクのあるチョコレートケーキで、伝統的なフランスのクリスマスケーキ）、ババラム、イタリアのコーンミールケーキ、ココナッツシュトレン（ドイツのお菓子だが、マーサは伝統的なアメリカのケーキと紹介している）、デヴィルズフードケーキなどである。

マーサは、昔のあたたかで居心地のいい台所、おばあちゃんがお菓子を焼くにおいに対する強い郷愁を呼びおこす。

◉カップケーキ　その2――マグノリア・ベーカリー

１９９６年に高校生のジェニファー・アペルとアリサ・トリーをマグノリア・ベーカリー設立にかりたてたのも、このファンタジーにほかならなかった。「料理と手作りの技能に対する女ふたりの情熱について……アリサとわたしは自分たちの願望と創造性を、１９５０年代のアメリカを思い起こさせる、ゆったりした健全な生活を強調するビジネスをとおして表現したかった」と、アペルは *Magnolia Bakery Cookbook*（『マグノリア・ベーカリー・クックブック』１９９９年）の序に書いている。[2]

店はニューヨークのおしゃれなウェストヴィレッジの一角にオープンした。内装は古着屋とフリーマーケットで仕入れたもので、おばあちゃん《グランマ》のキッチン風にしつらえ、ケーキは店内で焼いた。カップケーキが商品になったのはむしろ偶然の産物で――ある日、使い残しのバターがあったので、トリーがカップケーキ用の紙型を買いに走ったことがはじまりだった。

カップケーキはかなり売れ行きがよかったため、しだいにウィンドウの大半をかわいらしいケーキの列が占めるようになった。やがて店のまわりに客の行列ができはじめ、店側はできるだけ多くの人が買えるように、ひとり12個までに制限しなければならなくなった。2000年に独身のニューヨーク女性の生活を描いた人気テレビドラマ『セックス・アンド・ザ・シティ』で、主人公のキャリーが女友だちと一緒にバタークリームがたっぷりのったお菓子を買う行列にならぶエピソードが放映されると、カップケーキ現象は一気に広まった。

しかしそのころには、創造性の違いが持ちあがったことから、アペルとトリーは別々の道を歩みはじめていた。(3) アペルは近くに新しい店「バターカップ」を開き、そうこうするうちに、かわいい名前の店——ザ・リトルカップケーキ・ベークショップ、ハッピー・ハッピー・ハッピー、ザ・ポルカドット・ケーキ・ストゥディオなど——が続々と市内にできていった。

カップケーキがうける理由は、はっきりしている。小さいこと。ちゃんと満足できるけれども、カロリーが高すぎないこと（しかし実際には、あの甘いバタークリームのトッピングを考えれば、ふつうのケーキ一切れのカロリーのほうが少ないだろう）。手軽に持ち運べて、忙しい都会生活にはうってつけなこと。だが何にもまして客を惹きつけるのは、そのかわいらしさ、色とりどりのキャンディのような愛らしさが子ども時代の無垢な喜びを思い起こさせるからだ。

◉カップケーキ　その3――ナイジェラ・ローソン

イギリスでは、料理研究家のナイジェラ・ローソンがカップケーキの魅力をいちはやく見抜き、2冊目の著書 *How to Be a Domestic Goddess*（『家庭の女神になる方法』２０００年）の目玉にすえた。

カプチーノ・カップケーキ、チーズクリーム・アイシングをかけたキャロット・カップケーキ、焦がしバターとブラウンシュガーのカップケーキ、チョコレートチェリー・カップケーキ、ラベンダー・カップケーキ、エスプレッソ・カップケーキ、コカコーラ・カップケーキ、バナナにチェリーにホワイトチョコレートのカップケーキ――本には数口で食べられるカップケーキがずらりとならんでおり、ローソンは現代的なディナー・パーティーのデザートにもぴったりだと勧めている。

副題を「お菓子作りとくつろぎのクッキング術」というこの本は、結局のところ、母を演じることについて書いてある。代名詞のような長いエプロンをしめて、バナナブレッドやボストンクリームパイ、シナモン風味のバタークッキーや苺ショートケーキを作る母。

「ケーキ・ウィンドウ（7つのケーキ）」ウェイン・ティーボー　1970～76年　油彩

別の言葉でいえば、ここで現出させているのは、読者であるイギリスの母親たちのお菓子作りではなく、ある種の理想化されたアメリカの母親たちのお菓子作りである。1950年代と1960年代の広告イメージから構築されたファンタジー、本の見返しを飾るセピア色のコラージュだ。ほんとうの自分であることよりも母を演じることが主題であれば——この本に載っているお菓子の受け手は子どもたちではなく、自分たちだ。

ローソンはこのカップケーキの象徴的かつ皮肉な魅力をよくわかっている。本の表紙を飾るのは、ひとつの元祖カップケーキ。白いアイシングがわずかにこぼれ落ち、ふくらみは完璧な丸さではな

「フロアー・ケーキ」クレス・オルデンバーグ　1962 年　複合媒体

く、砂糖で作られた花はなまめかしく横にずれ、ネグリジェを着た少女のように薄い紙型からもろい生地が透けて見える。

◉ケーキの未来

こうしたケーキはポストモダンに属する。なぜなら、フランスの思想家ジャン・ボードリヤールがシミュラークルと呼んだもの——もはや存在していない、ひょっとしたら一度も存在したことのない原型の模像だからだ[4]。

今となっては映画や広告、雑誌の記事にしか存在しない「けがれなき」子ども時代を再現しながら、こうしたミニチュアサイズのケーキは、ケーキの概念を語る——子ども時代への郷愁を、パステル色の安心と単純な喜び、家庭、母、お菓子が焼けるにおい、材料を混ぜたボウルをなめてもいいと許してもらえた日々への郷愁を、その姿をとおして蘇らせる。

同じように、ほかの多くの「概念ケーキ」も、ケーキとは何かというおぼろげな感覚を肉づけしてくれる。黄金時代のハリウッド映画で肌もあらわな娘たちが飛び出してくる巨大なケーキ。ウェイン・ティーボーが描いた、見事にならぶ同じケーキの列。クレス・オルデンバーグの巨大な布のケーキ——柔らかな生地につつまれ、ふくらんでいる。ケーキが実在と同じくらいに概念だということを、こうした無数の創作物が示している。インターネットの世界をのぞけば、毛糸で編んだケーキ、かぎ針編みのケーキ、粘土のケーキ、レゴのケーキ、籠細工のケーキがひしめきあう。

懐古と郷愁、女らしさと子ども時代、専門家の逸品と家庭の作品、伝統と革新をあらわしながら、すべてはケーキがどのように存在してきたか、そしてまだ見ぬ未来があることについて、多くのことを語りかけている。

石膏の人骨 2000 本で作ったウェディングケーキ

謝辞

ローハンプトン大学が研究休暇を許可してくれたおかげで、わたしは本書の執筆に取りかかることができた。「食べ物の文学」講座（文学士と文学修士）の学生たちは、より深くケーキの性質と重要性を考える端緒となってくれた。同僚のキャシー・ウェルズ＝コール、サラ・ターベイ、ジェニー・ハートレイ、ケイト・テルチャー、ローラ・ピーターズ、サイモン・エドワードは、つねにわたしを支え、触発してくれた。わたしにはじめてフランスの塩ケーキを教えてくれたスーザン・マシューズには、心より感謝する。

また、大きな関心をよせて、さまざまな提案をしてくれたポーラ・トンプソン、パット・オトゥール、キャロライン・エリオット、ジョアンナ・ディッキン、ジュディス・マリー、キアラン・オメア、タラ・ラモント、フランシス・ウィルソン、サラ・モス、サイモン・ラーター、ニコラ・アンセル、ヴィクトリア・スチュワート、メアリー・グローバー、キャシー・ファークァーソン、ルイス・リーに感謝したい。

トレーシー・アンダーソンは芸術史の知識を惜しみなく与えてくれた。リーズ大学ブロサートン図書館と大英図書館の司書の皆さんは協力を惜しまなかった。また、有益な助言をしてくれたリアクションブックスのマイケル・リーマンとアンドルー・スミス、本書出版のために編集の労をとってくれたマーサ・ジェイとハリー・ギロニスに厚くお礼申し上げる。

何点かのレシピを提供してくれた両親のパットとブライアン・ハンブル、ほんとうにありがとう。エレトラ・コンチとジリアン・シャザレットは家事の分野で多大な協力をしてくれただけでなく、それぞれイタリアとフランスのケーキについて、とても役立つ情報を教えてくれた。

今回も熱心に協力してくれた夫のマーティン・プリーストマンと息子のルークに深く感謝する——ふたりともそれほどケーキが好きではないのに、ほんとうにありがとう。

訳者あとがき

好きなものが多いほど人生は楽しい。食べ物に関してはとくにそうである。そして、それが甘いものとなると――まさに口福《こうふく》。お菓子なんて女子どもの食べ物じゃん、なんてはすにかまえることなかれ。古今東西、老若男女、〝甘さ〟は人々を魅了してきたのだから。

さて、洋菓子の雄にあげられるのは、やはりケーキだろう。デパートの地下に行けば、これでもか、これでもかというふうに、色とりどりの美しいケーキがショーケースに並んでいる。その迫力と吸引力、華やかさときらびやかさは、やはり他の売り場を圧倒しているといわざるをえない。見なれぬカタカナの長い名前がついているものもめずらしくなく、買うときは「これとこれと――これ」と指さすだけですませてしまう。正直なところ、ショートケーキやモンブランならいざしらず、あのカタカナをすらすらといえる人は少ないのではなかろうか。なまじ全部読もうとしてつっかえているお客さんをよく見かける。

もはや現代社会にはあって当然のようなケーキだが、その歴史となると、難しい名前同様

「えーと……」と視線を宙にさまよわせてしまう人も多いに違いない。そもそもケーキとはいかなるものから生まれ、どのように発展し、どんな役割をになわされ、現代にいたっているのか。国別の違いは？　文学の中では？——そういった素朴な疑問にわかりやすく答えてくれるのが、本書『ケーキの歴史物語』（原題 *Cake: A Global History*）である。

本書はイギリスの Reaktion Books が刊行している The Edible Series の1冊で、数々の食べ物に焦点をあてたこのシリーズは、料理とワインに関する良書を選定するアンドレ・シモン賞の2010年度特別賞を受賞している。本書もシリーズの他の著作と同じく、コンパクトでありながらとおりいっぺんではなく、さればといって専門書のように難しくなりすぎることもなく、わたしたちの生活を豊かにいろどる「ケーキ」の歴史と文化を伝えてくれる。へーえ、そうだったのと驚かされながらも、深い感慨をおぼえることもたくさんあり、本書を読んだあとはすべてのケーキがこれまでとは違って見えてくるだろう。カラーを主体にした図版も楽しく、なかにはエリザベス女王のウェディングケーキやアドルフ・ヒトラーのバースデイケーキなど、思わず目が釘づけとなる写真も含まれている。巻末にはレシピ集も載っているので、これと思ったものを焼いてみることもできる。

著者のローハンプトン大学英文学教授のニコラ・ハンブルは、1964年にシンガポールで生まれた。その後イギリス各地で幼少期を過ごし、6年間はドイツで育った経験もあるという。イギリスの伝統に根ざしながらも多角的で客観的な視線が本書に感じられるのは、著者のおいたちにも関係しているのかもしれない。著者が受け持っている「食べ物の文学」という講座はイギリスでは初めてのものらしい。

訳出にあたっては、多くの方々のお世話になった。訳出作業に協力してくれた翻訳家の鈴木彩織さん。訳者のさまざまな疑問に答えてくれたお菓子研究家の三浦裕子さん。彼女の著書『音楽が聴こえてくるお菓子』（海鳥社）は示唆に富み、ケーキの世界のイメージをふくらませるのにとても役立った。今回も文献収集の労をとってくれた金沢医科大学麻酔学教室の秘書平村瑞代さん。忙しいにもかかわらず、快く時間をさいてくれた彼女たちの友情に感謝したい。また、金沢市の広東・香港料理店菜香楼《さいこうろう》の方々は、中国の春節のお菓子について丁寧に教えてくださった。そして、あらゆる面にわたって原書房の中村剛さんにサポートしていただいた。この場を借りてすべての皆さまに厚くお礼を申しあげる。

２０１２年３月

堤　理華

写真ならびに図版への謝辞

著者と出版社より，図版の提供と掲載を許可してくれた関係者にお礼を申し上げる，スペースの関係上，本書中に収蔵場所等を掲載していないものもあるが，それらについては下記を参照されたい。

Photo akg-images, London: p. 150; photo akg-images, London/ ullstein bild: p. 66; photo Associated Newspapers/Daily Mail/Rex Features: p. 114; Bodleian Library, University of Oxford: p. 21; The British Museum, London (photos © The Trustees of the British Museum): pp. 15, 16 (Department of Greek & Roman Antiquities), 54, 81, 83, 86, 108 (Department of Prints and Drawings); from Marie-Antoine Carême, *Le Patissier Pittoresque* (Paris, 1842): p. 48; from Lewis Carroll, *Alice through the Looking-Glass* (London, 1872): p. 143; photo Design Pics Inc/Rex Features: p. 158; photo Everett Collection/Rex Features: p. 128; The Fitzwilliam Museum, Cambridge: p. 118; Galleria d'Arte Moderna di Milano: p. 43; photo Harris & Ewing, Inc./Library of Congress, Washington, dc (Prints and Photographs Division - Harris & Ewing Collection): p. 120; Photo Carol Howard: p. 25; Kunst historisches Museum, Vienna: p. 105; photo Michael Leaman/Reaktion Books: p. 64; photos Library of Congress, Washington, dc (Prints and Photographs Division): pp. 50, 93 (James Guthrie Harbord Collection), 73; Metropolitan Museum of Art, New York: p. 76; Musée Fabre, Montpellier: p. 106; Museum of Modern Art, New York: p. 164; photo © oleg66//2010 iStock International Inc.: p. 6; courtesy the Oldenburg van Bruggen Foundation, © 2010 Claes Oldenburg: p. 165; photo © robynmac/2008 iStock International Inc.: p. 77; photos Roger-Viollet/Rex Features: pp. 131, 136; from *The Royal Book of Pastry and Confectionary* (London, 1874): p. 39; photo Ray Tang/Rex Features: p. 168; photo Shannon M. Taylor/Old Soul Design (www.oldsouldesign.net): p. 126; photo Top Photo Group/Rex Features: p. 101; photo Walt Disney Productions/Album/akgimages, London: p. 145.

参考文献

Beranbaum, Rose Levy, *The Cake Bible* (New York, 1988)
Charsley, Simon R., *Wedding Cakes and Cultural History* (London, 1992)
David, Elizabeth, *English Bread and Yeast Cookery* (London, 1979)
Dickie, John, *Delizia!: The Epic History of the Italians and their Food* (New York, 2008)
Henisch, Barbara Ann, *Cakes and Characters: An English ChristmasTradition* (London, 1984)
Maher, Barbara, *Cakes* (Harmondsworth, 1982)
スティーブン・メネル『食卓の歴史』北沢美和子訳，中央公論社，1989 年
Ojakangas, Beatrice, *The Great Scandinavian Baking Book* (Minneapolis, mn, 1999)
Rodgers, Rick, *Kaffeehaus* (New York, 2002)
Shapiro, Laura, *Something from the Oven: Reinventing Dinner in 1950s America* (New York, 2004)
Spencer, Colin, *British Food: An Extraordinary Thousand Years of History* (London, 2002)
アンヌ・ウィラン『西洋料理の巨匠とその料理――タイユヴァンからエスコフィエまで』坂東三郎訳，鎌倉書房，1981 年
Wilson, C. Anne, *Food and Drink in Britain from the Stone Age to the 19th Century*, revd edn (Chicago, IL, 2003)

レシピ集

古い時代のケーキ

◉パンフォルテ

これは古代世界の圧縮型ケーキにもっとも近い形で今に伝わるケーキのひとつだろう。昔からクリスマスに出される。イタリアの古都シエナの13世紀の記録に残っているが，おそらくはもっと古い。白コショウのきいた甘さが中世の風味をまざまざと蘇らせる。少量の小麦粉を使っていること以外，現在のケーキとの共通点はほとんどない。贈り物にも最適なケーキだ。

ヘーゼルナッツ…180*g*
アーモンド…100*g*
細かくきざんだ砂糖漬けの果物類…200*g*
ココアパウダー…小さじ1
シナモンパウダー…小さじ¾
オールスパイスパウダー，すりつぶしたナツメグ，コリアンダーパウダー…各小さじ¼
白コショウパウダー…小さじ⅛
中力粉…80*g*
グラニュー糖…100*g*
蜂蜜（液状）…125*ml*
飾り用の粉糖とシナモンパウダー

1. 21.5センチの丸いケーキ型にバターを塗る。底にクッキングシートを敷く。
2. オーブンを150℃で予熱する。乾いたフライパンを弱火にかけ，ナッツ類を入れてよくかき混ぜながらきつね色になるまで炒り，さます。
3. 大きなボウルに砂糖漬けの果物，ココアパウダー，香辛料，中力粉を入れて混ぜ，さましたナッツを加えてふたたび混ぜる。
4. 厚い片手鍋で砂糖と蜂蜜を溶かす。沸騰させ，シロップが130℃になるか，かたい球状になる（冷水にたらすとかたい球ができる）までさっと煮る。3にシロップを注ぎ，手早く混ぜる。
5. ケーキ型に生地を入れ，隙間ができないように濡らした指で平らに整える。1時間焼く。オーブンから出し，しっかりかたくなるまでさます。
6. 表面に粉糖をたっぷりかけ，軽くシナモンをふる。密閉容器に入れ，室温で2週間おく。薄くスライスして出す。

………………………………………………

◉クグロフ

このケーキのレシピは16世紀のポーランドまでさかのぼることができる。北ヨーロッパではポピュラーなお菓子で，さまざまな名前で呼ばれる。大きなケーキの真ん中までオーブンの熱がいきわた

るように，中央が筒状になった型で焼く。わたしが使っているのはアメリカで人気のブント型で，20 世紀前半にヨーロッパのクグロフ型を模して作られた。さまざまなデザインがあり（わたしのはお城型），アメリカではエンゼルケーキの材料を使って焼くことが多い。卵白をたくさん使うため，大きな型いっぱいに「ヒューッ」とふくらむ力があるからだ。このレシピは多少の変更を加えたが，もとはバーバラ・メイハーの名著 *Cakes* に載っていたものである。

牛乳（人肌にあたためたもの）…100*ml*
ドライイースト…10*g*
砂糖…75*g*
強力粉…300*g*
レーズン…70*g*
キルシュまたはブランデー…30*ml*
バター…100*g*
全卵…1 個
卵の黄身…3 個
塩…小さじ 1

1. オーブンを 200℃で予熱する。
2. あたためた牛乳にイーストと強力粉小さじ 1 をふりかける。かき混ぜてから，泡が出てイーストのにおいがしてくるまで 10 分間おく。ふるった強力粉 60*g* を入れてよく混ぜ，おいておく。
3. レーズンをブランデーかキルシュに浸す。電動ミキサーでバターと砂糖を白っぽくふわふわになるまで攪拌する。全卵と黄身，さじ 1 杯の強力粉を交互に数回にわけて加える。次に 2，残りの強力粉，塩を加える。
3. 電動ミキサーにパン生地などをこねるドウフックをつけ，全体がなめらかに混ざってボウルから生地が離れるようになるまで，最高速度でしっかり攪拌する（10 分程度）。
4. レーズンの汁気をきり，強力粉少量をまぶしてから，生地に混ぜる。生地に少量の強力粉をふりかけ，2 倍にふくらむまであたたかい場所に放置する。
5. 23 センチのクグロフ型もしくはブント型にアーモンドオイルか溶かしたバターを塗る。
6. レーズン入り生地を打ち返し，少しこね，型の底にコイル状に入れ，型の縁から数センチ下の高さにふくらむまでふたたびおいておく。約 30 分，きつね色にしっかりと，串を刺しても何もついてこない状態まで焼きあげる。台の上で粗熱がとれるまでさまし，全体に粉糖をふる。

伝統のケーキ

◉ヴィクトリア・サンドイッチ

このケーキは，ヴィクトリア女王が後半生の長きにわたって滞在したワイト島の宮殿でお茶の時間に食べるのを楽しんだことから，その名が冠された。当初のヴィクトリア・サンドイッチには，同量

のバター，砂糖，小麦粉，卵を使うパウンドケーキを用いた。やがて小麦粉の一部をコーンフラワーかポテトフラワーにおきかえ，より柔らかな食感を出すようになった。ヴィクトリアはジャムをはさんで食べたが，20 世紀にはこれにホイップクリームを重ねるのが主流になった。このケーキは応用がきき，あいだにはさむものやトッピングをいろいろ変えて楽しめる。

無塩バター（室温に戻す）…225*g*
上白糖…225*g*
大きい卵…4 個
バニラエキストラクト*…小さじ 1
ベーキングパウダー入り小麦粉**…200*g*
コーンフラワー…25*g*
牛乳…大さじ¾
イチゴジャムかラズベリージャム…小さじ 4
ダブルクリーム***かホイップクリーム…125*ml*
上白糖か粉糖…仕上げ用
＊酒類にバニラビーンズを直接漬けこんで作ったバニラエッセンス。
＊＊セルフレイジング・フラワー。あらかじめベーキングパウダーと塩を加えてある小麦粉。中力粉 1 カップ＋ベーキングパウダー小さじ 1¼＋塩小さじ¼の配合で作れる。
＊＊＊乳脂肪分が 48 パーセントの生クリーム。

1. 21 センチのサンドイッチケーキ型 2 個にバターを塗り，底に丸く切ったクッキングシートを敷く［これは専用の浅めのケーキ型だが，ふつうのケーキ型を用いて作り，焼きあがってから横半分に切ってもよい］。オーブンを 180℃で予熱する。
2. バターと砂糖を白っぽくふんわりするまで混ぜ，バニラを加える。小麦粉とコーンフラワーはあわせてふるっておく。
3. 攪拌したバターと砂糖に卵を 1 個ずつ加えて混ぜ，凝乳状になりかけたら，その都度数杯の粉類を加える。残りの粉類を入れてさっくりと混ぜあわせる。牛乳を加えて，生地がゆっくり垂れるくらいのかたさにする。
4. 型 2 つに流し入れ，表面を平らにならし，約 20 分焼く。ケーキが型の縁から盛りあがり，刺した串に何もついてこなければできあがり。型のまま台の上で数分間さましてから，台の上にひっくり返して出し，クッキングシートをそっとはがす。すっかりさめるまでおいておく。
5. クリームを柔らかく泡立てる。片方のケーキの表面にジャム，クリームの順番に塗る。もう片方をかぶせる。上白糖を散らすか，粉糖をふるってかける。

◉クルミ入りコーヒーケーキ
昔の婦人会風のケーキ。キャンプコー

ヒー［コーヒーとチコリを原料にしたインスタントコーヒー］の使い道はこれしかない。［ケーキ本体の材料と作り方は，ヴィクトリア・サンドイッチとほぼ同じ］

1. 125gのクルミをきざみ，ケーキ生地に混ぜる。バニラエキストラクトは省略し，牛乳のかわりにキャンプコーヒーを溶いたもの大さじ2を加えて焼く。
2. コーヒーバタークリームを作る。室温に戻したバター175g，ふるった粉糖350gを白っぽいクリーム状になるまで混ぜ，コーヒーエッセンス小さじ1（風味づけのためにもう少し増やしてもよい）を加える。焼きあがったケーキのあいだにバタークリームをはさみ，表面と側面にも塗る。半分に切ったクルミで飾る。

◉ライト・チョコレートケーキ

［ケーキ本体の材料と作り方は，ヴィクトリア・サンドイッチとほぼ同じ］

1. 小麦粉の一部をココアパウダー50gにかえて，ケーキを焼く。
2. コーヒーバタークリームと同様の手順でチョコレートバタークリームを作る。コーヒーを溶いたもののかわりに，ココアを大さじ山盛り1杯使う。
3. バターと砂糖とココアがクリーム状に混ぜあわされたら，大さじ1のお湯を加えてかたさを整える。

◉カップケーキ

ヴィクトリア・サンドイッチの生地は，カップケーキにもうってつけだ。好みに応じて味や香りを変えたり，デコレーションを工夫したりできる。

1. 生地をマフィン型（カップケーキ型）に半分ほど流し入れる。しっかりふくらんできつね色になるまで10〜15分焼く。
2. シンプルなウォーター・アイシング（数滴の食用着色料か香料を加えた水で粉糖を溶いたもの）をかけたり，バタークリームを渦巻き状にのせたりする。粒状のチョコレートや，色とりどりのゼリーで飾ったりすると，子どもはとても喜ぶ。

◉フルーツ煮のケーキ

これは母の友人が教えてくれたレシピで，わたしたちはいつも「ジェイン・グローバーのフルーツケーキ」と呼んでいた。父も大好きだった。ごくつましい材料なのに，とても味わい深いケーキができる。果物を砂糖とバターで煮るため，ふっくらと汁気たっぷりに仕上がるからだ。日持ちもする。バターを塗って食べてもおいしいし，イングランド北部の伝統にのっとって香りの強いチーズと味わってもいい。

いろいろな果物…345*g*
バター…115*g*
砂糖…115*g*
水…150*ml*
泡立てた卵…1 個
ベーキングパウダー入り小麦粉…
230*g*

1. 果物，砂糖，バター，水を鍋に入れる。バターが溶けて砂糖が消えるまで，弱火にかけたまま定期的にかきまわす。そのままことこと，汁がとろりとしてきて，果物の形がなくなる寸前まで煮つめる。
2. 鍋に手をあててもだいじょうぶになるまでさます。泡立てた卵を加え，次に小麦粉を入れて混ぜる。
3. 油を塗ったパウンド型（容量 1.25 リットル）に生地を入れる。オーブンの中火 150～180℃で 1 時間 15 分から 1 時間 30 分ほど焼く。ケーキ型の縁からケーキが少し離れ，串を真ん中に刺して何もついてこなければ焼きあがり。焼き色をつけ過ぎたくなかったら，表面を耐油紙でおおってもよい。型のまま 10 分さましてから，台の上に取り出す。

◉レモンドリズルケーキ
イギリスでもっともポピュラーなケーキのひとつ。学校祭のバザーで出すケーキの中でも，この素朴なローフケーキが必ずいちばん先に売り切れる。ここで紹介するレシピはダブルドリズルと呼ばれるもの。熱いケーキにレモンのきいたシロップをかけてさましてから，もういちどレモン風味のアイシングをかける。

バター…100*g*
上白糖…100*g*
大きい卵…2 個
中力粉…100*g*
ベーキングパウダー…小さじ ½
レモンの皮…1 個分
お湯…大さじ 2
[シロップ用]
レモン汁…1 個分
グラニュー糖…50*g*
[アイシング用]
粉糖…100*g*
レモン汁…1 個分
レモンの皮（好みで）…小さじ 2

1. オーブンを 180℃で予熱する。バターと上白糖を白っぽくふわふわになるまで混ぜる。小麦粉とベーキングパウダーをふるっておく。
2. 混ぜあわせたバターに卵を少しずつ加えてゆき，凝乳状になりかけるようだったら数杯の小麦粉を加える。残りの小麦粉を切るように混ぜる。レモンの皮とお湯を入れて混ぜる。
3. 油を塗ったパウンド型（容量 1.25 リットル）に流し入れ，1 時間ほど焼く。型の側面からケーキが離れてきたら，串を刺して確かめてみる。
4. 焼いているあいだに，グラニュー糖

とレモン汁を弱火にかけて溶かす。熱くしすぎないように気をつける。ケーキをオーブンから出したら，型に入れたまま表面のあちこちに串で穴をあける。ケーキ全体にレモンシロップをまわしかけ，しみこむのを待つ。台の上においてさます。

5. アイシングの用意をする。粉糖にレモン汁を少しずつ加え，なめらかに垂れるくらいのかたさに整える。アイシングが薄すぎたり濃すぎたりするようなら，砂糖かレモン汁を適宜加える。好みに応じてレモンの皮を入れる。ケーキがさめたら型から取り出し，レモンアイシングを上から注いで，側面にも流れていくようにする。

……………………………………………

◉ヘーゼルナッツとラズベリーのケーキ

長年このケーキを作ってきたが，いつも必ず喜んでもらえる。小麦粉のかわりに挽いたナッツを使うドイツ風ケーキで，しっとりと柔らかく，甘さも口に残らない。パーティのデザートにはうってつけだ。

大きい卵…6個
上白糖…180*g*
ヘーゼルナッツ…220*g*
ダブルクリームかホイップクリーム…250*ml*
ラズベリー…150～200*g*

1. 24センチのケーキ型（底取れ式）に油を塗って小麦粉をふる。底に丸くクッキングシートを敷く。
2. 乾いたフライパン（できれば厚手のもの）にナッツを入れ，弱火で全体をゆすりながら気をつけて炒る。中火のオーブンを使用してもいいが，とても燃えやすいので頻繁にチェックすること。
3. まだらなきつね色になったらさまし，フードプロセッサーで粉砕する。全体を粗めの小麦粉くらいに細かくするが，食感をよくするために多少の粒が残る程度に挽く。あまり高速でまわさないこと。さもないと油が出て，ナッツバターのようになってしまう。
4. 卵を卵黄と卵白に分ける。卵黄と砂糖を白っぽくてかたいクリーム状になるまで混ぜる。挽いたナッツを混ぜる。卵白を角が立つまで泡立て，あわせた材料に大きいスプーンで卵白を加えながら，切るように混ぜこむ。
5. 型に流し入れ，約45分間，ケーキが型の縁から離れてくるまで焼く。型のまま10分間さまし，底をはずしてケーキを台の上に出す。完全にさめてから，慎重に横半分に切り，ホイップしたクリームとラズベリーをはさむ。浅めのケーキ型2個を使って焼いてもよい。その場合の焼き時間は25～30分になる。

ちょっと変わったケーキ

◉アーティチョークとオリーブとグリュイエールチーズのフランス風香味ケーキ

この塩味のケーキは，フランスで人気の料理研究家ソフィー・デュドメイヌのレシピをアレンジしたもの。とてもずっしりとした味わいで，ケーキとサワードウ・ブレッド［伝統的な天然酵母のパン種で作ったパンで，独特の風味と酸味がある］の中間くらいといえばいいだろうか。サラダと一緒に出したり，フランス風に小さく四角に切って食前酒のおともにしてもよい。

卵…3個
中力粉…150g
ベーキングパウダー…小さじ2
サンフラワーオイル…100ml
牛乳（成分無調整）…125ml
すりおろしたグリュイエールチーズ…100g
アーティチョーク（瓶詰め）…250g（汁をきって測る）
コショウをつめたグリーンオリーブ…50g
塩とコショウ…ひとつまみ

1. アーティチョークの汁をきる。半分は裏ごし，残りは粗みじんに切る。オリーブも粗みじんにする。
2. 小麦粉，ベーキングパウダー，卵をフードプロセッサーにかけてペースト状にする。グリュイエールチーズを加える。フードプロセッサーをまわしながら，最初にオイル，次に卵の順で，糸状に少しずつ流しこむ。裏ごししたアーティチョークを加えて，ちょっとだけ攪拌する。
3. 油を塗ったパウンド型に生地を4分の3ほど流しこむ。粗みじんにしたオリーブとアーティチョークを少しだけ残して散らす。残りの生地を流し入れ，あまったオリーブとアーティチョークをのせる。覆いをかけて少なくとも1時間ねかす。そうすることによって軽めの仕上がりになる。
4. 予熱しておいたオーブンに入れ，220℃で30～35分，しっかりふくらんできつね色になるまで焼く。さめたら型からはずす。

◉トレス・レチェ・ケーキ

このラテンアメリカのプディングケーキは信じられないほどぜいたくな味がする。バターを使わないふわふわのスポンジに，3種類のミルクをたっぷりとしみこませたケーキである。本来は甘いバニラ風味のホイップクリームやキャラメルソースをかけたりするが，そのままでいただくか，果物を添えて出してもよい――ベリー類との相性は抜群である。ケーキが吸収しきれないソースが少量残ったら，ケーキを出すときに脇にちょっと添えるか，煮つめてタフィーソースにする。ミルクを多く使っているので必ず冷

蔵庫に保存すること。このレシピで大きな切れが 8〜10 個できる。

[ケーキ用]
大きい卵（卵黄と卵白に分ける）…4個
上白糖…115*g*
中力粉…115*g*
ベーキングパウダー…小さじ山盛り 1
酒石の粉末…小さじすりきり½
[ミルクソース用]
コンデンスミルク…395*ml*
エバミルク…250*ml*
ダブルクリーム（生クリーム）…250*ml*
バニラエッセンス…小さじ 1
ブランデー（好みで）…大さじ 2

1. オーブンを 175℃で予熱する。24 センチのケーキ型（底取れ式）に油を塗って小麦粉をふる。
2. 卵白を軽く角が立つくらいに泡立て，砂糖を半分加えてから，ふたたびしっかりと泡立てる。別のボウルに卵黄と残りの砂糖を入れ，白っぽくなるまで泡立てる。
3. 小麦粉とベーキングパウダーをふるっておく。卵黄と砂糖を混ぜたものに，卵白と粉類を交互に加えながら，切るように混ぜる。
4. 生地を型に流しこみ，きつね色になるまで 15〜20 分焼く。串か楊枝に何もついてこなければできあがり。型のまま金網の上でさます。
5. ミルクソース用の材料をすべてあわせて混ぜる。かけたソースがあふれたときのために，ケーキを型に入れたまま大きめの皿に移す。
6. 串でケーキの表面のあちこちに穴をあける。ゆっくりとミルクソースの半分をまわしかけ，ケーキが吸収するのを待つ。必要なら穴をもっとあけて，ソースを数回に分けて注ぐ。少なくとも 30 分，ソースが吸収されるまで冷蔵庫でねかせる。出す直前に型からはずす。

注

邦訳書籍の書誌情報は訳者が調査した。［……］は原著の出版年。

序章　特別な日を飾るケーキ

（1）付加価値税（VAT）：イギリスでぜいたく品に課される売上税。ケーキ類すべてと通常のビスケットは食品に分類され，税率は0パーセント。チョコレートがけのビスケットは「ぜいたく品」に含まれ，課税の対象となる。

第1章　歴史とケーキ

（1）John M. Wilkins and Shaun Hill, *Food in the Ancient World*（Oxford, 2006）, pp. 128-129.
（2）前掲書 p. 127.
（3）Dorothy Hartley, *Food in England*［1954］（London, 1996）, pp. 634-635.
（4）C. Anne Wilson, *Food and Drink in Britain from the Stone Age to the 19th Century*［1991］（Chicago, IL, 2003）, pp. 247.
（5）前掲書 p. 264.
（6）前掲書 p. 234.
（7）'Cake, n.', *Oxford English Dictionary*, 1a.
（8）ジェフリー・チョーサー「総序の歌（上）」『完訳カンタベリー物語（上中下）』桝井迪夫訳，岩波書店，1995年。
（9）ウィリアム・シェイクスピア『十二夜』第2幕第3場。小田島雄志訳，白水社，1983年。
（10）John Strype, ed., *Stow's Survey of London*［1598］（London, 1720）, vol. ii, p. 441.
（11）Gervase Markham, *The English Huswife*［1615］，復刻版は *The English Housewife*, ed. Michael R. Best（Kingston, Ontario, 1986）, pp. 97-98.
（12）Sir Kenelm Digby, *The Closet of the Eminently Learned Sir Kenelm Digby Knight Opened*［1669］, p. 267.
（13）Hannah Glasse, *The Art of Cookery Made Plain and Easy*（London, 1747）, p. 138.
（14）Barbara Maher, *Cakes*（Harmondsworth, 1982）, p. 162.

第２章　世界のケーキ

(1) Jean Paul Sartre, 'Nourritures', *Verve*, iv (1938), pp. 115–116. [*Verve* は 1937 年に創刊された美術雑誌]

(2) アンヌ・ウィラン『西洋料理の巨匠とその料理――タイユヴァンからエスコフィエまで』(坂東三郎訳，鎌倉書房，1981 年）を参照のこと。ウィランは，1653 年の *Le Pâtissier françois* と 1651 年の *Le Cuisinier françois* のスタイルがひじょうに異なっていることから，のちに前者をラ・ヴァルネの著作としたことに疑問を投げかけ，実際にラ・ヴァルネが書いたにしても，イタリアの菓子職人の大きな協力があったに違いないと指摘している。

(3)『新ラルース料理大辞典』（全４巻）辻調理専門学校／辻静雄料理研究所訳，同朋舎メディアプラン，2007 年。

(4) Elizabeth David, *French Provincial Cooking* (London, 1960), p. 434.

(5) Rick Rodgers, *Kaffeehaus* (New York, 2002), p. xi.

(6) Claudia Roden, *A New Book of Middle Eastern Food* (Harmondsworth, 1986), p. 485; *The Book of Jewish Food* (London, 1997), p. 514.

(7) ローレンズ・ヴァンダーポスト（ローレンス・ヴァン・デル・ポスト）『アフリカ料理』タイムライフブックス編集部編，タイムライフブックス，1978 年。

(8) 1958 年に日本人が消費したケーキ類のうち，西洋式のケーキは 23 パーセントだったが，1989 年には 54 パーセント近くにのぼった。参照：アンドルー・ゴードン編『歴史としての戦後日本（上下)』中村正則監訳，みすず書房，2001 年。[ゴードンは，カステラを含めたケーキ類を西洋式ケーキ，饅頭や羊羹などを日本式ケーキと定義して統計を取っている]

(9) 参照：Laura Mason, 'Sachertorte', in *The Oxford Companion to Food*, ed. Alan Davidson, and Rodgers, *Kaffeehaus*, pp. 60–61.

(10) 'Answers to Queries', *Ladies' Home Journal* (August 1889), p. 19. レディ・ボルチモアの名前の由来についてはもっともらしい説がたくさんあるが，料理史家はどれも認めていない。

第３章　家庭で作るケーキの文化

(1) Gervase Markham, *The English Huswife* [1615]，復刻版は *The English Housewife*, ed. Michael R. Best (Kingston, Ontario, 1986), p. 64.

(2) John Earle, *Micro-cosmographie* [1628], quoted in John Dover Wilson, *Life in Shakespeare's England* (Cambridge, 1911), p. 226.

(3) Josephine Terry, 'No Trouble Tea Fancies', *Food Without Fuss* (London,

1944), p. 55.

(4) Philip and Mary Hyman, 'France' in *The Oxford Companion to Food*, ed. Alan Davidson (Oxford, 1999).

(5) Sophie Dudemaine, Les Cakes de Sophie (Geneva, 2000). デュドメイヌは甘いケーキ（バナナケーキ，マロングラッセなど）のレシピも紹介しているが，塩ケーキのほうが人気があるようだ。

(6) ローラ・インガルス・ワイルダー『大草原の小さな家（インガルス一家の物語 2)』恩地三保子訳，福音館書店。『この楽しき日々（ローラ物語 3)』谷口由美子訳，岩波書店。ほかにも複数の邦訳あり。

(7) Myrna Johnston, *Better Homes and Gardens* [1953], quoted in Laura Shapiro, *Something from the Oven: Reinventing Dinner in1950s America* (New York, 2004).

第４章　ケーキと儀式，その象徴性

(1) Tamra Andrews, *Nectar and Ambrosia: An Encyclopedia of Food in World Mythology* (Santa Barbara, ca, 2000), pp. 52–54.

(2) Henry Teonge, *The Diary*, ed. G. E. Mainwaring (London, 1927), p. 120; cited in Bridget Ann Henisch, *Cakes and Characters: An English Christmas Tradition* (London, 1984), p. 50.

(3) Mary Douglas, 'Food as an Art Form', *In the Active Voice* (London, 1982), p. 105.

(4) Simon R. Charsley, *Wedding Cakes and Cultural History* (London, 1992).

(5) 最近ではアメリカの結婚式業者も日本の模造ウェディングケーキのスタイルを取り入れ，顧客に提供しはじめている。

(6) ケーキにまつわる話の中で，このもっとも有名にして理解しにくい考えは，16 世紀から存在する。もしもしはもっと極端で，「ケーキは食べることあたわず，所有すべし」という形式だった。

第５章　文学とケーキ

(1) 『失われた時を求めて 3　第二篇　花咲く乙女たちのかげに I』鈴木道彦訳。集英社。2006 年。171 頁。

(2) 同前，442–443 頁。

(3) コレット『コレット著作集 1　クローディーヌは行ってしまう』安東次男訳，二見書房，1970 年。

(4) ギュスターヴ・フローベール『ボヴァリー夫人』山田𣝣訳。河出書房新社。2009 年。47 頁。

(5) ジェイン・オースティン『エマ』中野康司訳。筑摩書房。2005年。28–29頁。
(6) エリザベス・ギャスケル『女だけの町（クランフォード）』小池滋訳。岩波書店。1986年。155頁。
(7) キャサリン・マンスフィールド「若い娘」『マンスフィールド短編集』安藤一郎訳。新潮社。1957年。213頁。
(8) キャサリン・マンスフィールド「園遊会」前掲書19–20頁。
(9) ルイーザ・メイ・オルコット『昔気質の一少女』吉田勝江訳。角川書店。1990年。下巻252頁。
(10) L・M・モンゴメリ『赤毛のアン』村岡花子訳。新潮社。2008年。11頁。
(11) 同前，300–301頁。
(12) エリナー・ポーター『少女ポリアンナ』谷口由美子訳。岩波書店。2002年。74頁。
(13) L・M・モンゴメリ『アンの幸福』村岡花子訳。新潮社。2008年。55頁。
(14) 下記ウェブサイトのAnn Rominesの記事 'On Eudora Welty's Cake' を参照のこと。http://blogs.columbian.gwu.edu/english/2007/04/09/ann-romines-on-eudora-weltys-cake/

第6章　ポストモダンのケーキ

(1) まぎらわしいことに，「カップケーキ」の語源は2種類ある。とくにアメリカでは，すべての材料を1カップずつ使用することからこの名前がついたとされる。しかし，しだいに，小さなカップや焼き型に生地を入れて作るからだといわれるようになった。20世紀には後者の説のほうが有力となり，焼き型にもかわいらしい「マフィンペーパー」や「カップケーキペーパー」が使われはじめた。
(2) Jennifer Appel and Allysa Torey, *The Magnolia Bakery Cookbook: Old-Fashioned Recipes from New York's Sweetest Bakery* (New York, 1999), p. 9.
(3) トリーは当初の考えどおり，ちょっと変わった小さな地元のベーカリーでいることを望んだ。一方，よりビジネス志向のアペルは，もっと利益をあげる展開を求めた。
(4) 「シミュレーションとは，領土，照合すべき存在，ある実体のシミュレーションですらない。シミュレーションとは起源も現実性もない実在のモデルで形づくられたもの，つまりハイパーリアルだ」ジャン・ボードリヤール『シミュラークルとシミュレーション』竹原あき子訳，法政大学出版局，2008年。1–2頁。

ニコラ・ハンブル（Nicola Humble）
1964年シンガポール生まれ。イギリス各地で幼少期を過ごし，ドイツにも数年間滞在。現在はロンドンのローハンプトン大学英文学教授。19～20世紀の文学，文化史を専門とし，食物史に造詣が深い。著者多数。食物史の分野の著書としては *Culinary Pleasures: Cook Books and the Transformation of British Food*（Faber & Faber, 2005）が英国フードライター協会の2006年度「ベスト・フード・ブック賞」となったほか，複数の賞を受賞した。食物史の専門家として多くのテレビ・ラジオ番組に出演，協力もしている。

堤理華（つつみ・りか）
神奈川県生まれ。金沢医科大学卒業。麻酔科医，翻訳家，現同大学看護学部非常勤講師。訳書に『ヴァージン――処女の文化史』（作品社／共訳）『驚異の人体』（ほるぷ出版）『医学が歩んだ道』（武田ランダムハウスジャパン）『生命操作は人を幸せにするのか』（日本教文社）『1冊で知る　ムスリム』『真昼の悪魔――うつの解剖学』（原書房）など。「ダンスマガジン」（新書館）等で舞踊評翻訳なども手がけている。

お菓子《かし》の図書館《としょかん》

ケーキの歴史物語《れきしものがたり》

●

2012年3月22日　第1刷
2014年1月30日　第2刷

著者……………ニコラ・ハンブル
訳者……………堤《つつみ》 理華《りか》
装幀……………佐々木正見
発行者……………成瀬雅人
発行所……………株式会社原書房

〒160-0002 東京都新宿区新宿 1-25-13
電話・代表 03(3354)0685
振替・00150-6-151594
http://www.harashobo.co.jp

印刷……………シナノ印刷株式会社
製本……………東京美術紙工協業組合

ISBN978-4-562-04784-0, Printed in Japan

お菓子の図書館

料理とワインについての良書を選定する
アンドレ・シモン賞特別賞受賞シリーズ

アイスクリームの歴史物語

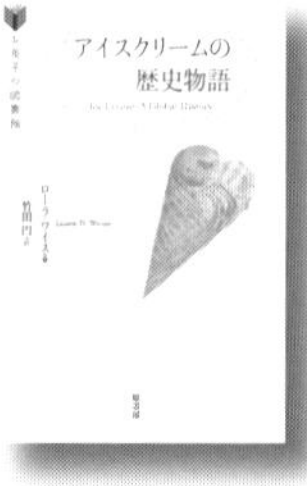

ローラ・ワイス／竹田円訳

アイスクリームの歴史は、多くの努力といくつかの素敵な偶然で出来ている。「超ぜいたく品」から大量消費社会に至るまで、コーンの誕生と影響力など、誰も知らないトリビアが満載された楽しい本。

２０００円

チョコレートの歴史物語

サラ・モス、アレクサンダー・バデノック／堤理華訳

マヤ、アステカなどのメソアメリカで「神への捧げ物」だったカカオが、世界中を魅了するチョコレートになるまでの激動の歴史。原産地搾取という「負」の歴史、企業のイメージ戦略などについても言及。

２０００円

（価格は税別）

パンの歴史　《「食」の図書館》
ウィリアム・ルーベル／堤理華訳

変幻自在のパンには、よりよい食と暮らしを追い求めてきた人類の歴史がつまっている。多くのカラー図版で読み解く、人とパンの6千年の物語。世界中のパンで作るレシピ付。　２０００円

カレーの歴史　《「食」の図書館》
コリーン・テイラー・セン／竹田円訳

「グローバル」という形容詞がふさわしいカレー。インド、イギリス、ヨーロッパ、南北アメリカ、アフリカ、アジアや日本など、世界中のカレーの歴史について多くのカラー図版で楽しく読み解く。レシピ付。　２０００円

キノコの歴史　《「食」の図書館》
シンシア・Ｄ・バーテルセン／関根光宏訳

「神の食べもの」と呼ばれる一方「悪魔の食べもの」とも言われてきたキノコの平易な解説や採集・食べ方・保存、毒殺と中毒、宗教と幻覚、現代のキノコ産業についてまで述べた、キノコと人間の文化の歴史。　２０００円

お茶の歴史　《「食」の図書館》
ヘレン・サベリ／竹田円訳

中国、イギリス、インドの緑茶や紅茶の歴史だけでなく中央アジア、ロシア、トルコ、アフリカのお茶についても述べた、まさに「お茶の世界史」。ティーバッグ誕生秘話など、楽しい話題が満載。　２０００円

紅茶スパイ　英国人プラントハンター中国をゆく
サラ・ローズ／築地誠子訳

19世紀、中国がひた隠しにしてきた茶の製法とタネを入手するため、凄腕プラントハンターが中国奥地に潜入した。激動の時代を背景にミステリアスな紅茶の歴史を描く、面白さ抜群の歴史ノンフィクション。　２４００円

（価格は税別）